长钱革命

中国母基金简史

孔小龙

著

ZHEJIANG UNIVERSITY PRESS
浙江大学出版社

图书在版编目（CIP）数据

长钱革命：中国母基金简史 / 孔小龙著. — 杭州：
浙江大学出版社，2020.10
ISBN 978-7-308-20462-0

Ⅰ．①长… Ⅱ．①孔… Ⅲ．①基金—金融史—中国
Ⅳ．①F832.97

中国版本图书馆CIP数据核字（2020）第149018号

长钱革命：中国母基金简史

孔小龙　著

策　　划	杭州蓝狮子文化创意股份有限公司	
责任编辑	黄兆宁	
责任校对	诸寅啸　张培洁	
装帧设计	熊猫布克	
出版发行	浙江大学出版社	
	（杭州市天目山路148号　　邮政编码　310007）	
	（网址：http://www.zjupress.com）	
排　　版	杭州林智广告有限公司	
印　　刷	杭州钱江彩色印务有限公司	
开　　本	880mm×1230mm　1/32	
印　　张	7.625	
字　　数	168千字	
版 印 次	2020年10月第1版　2020年10月第1次印刷	
书　　号	ISBN 978-7-308-20462-0	
定　　价	78.00元	

母基金"大历史"

❶ 在约 4000 年前的古巴比伦王国时期,合伙制出现。

❷ 约 2700 多年前,中国出现的"管鲍之交",可以看作最古老的 GP(普通合伙人,即为投资者管理钱的人)和 LP(有限合伙人,即出资人)关系。

❸ 约 2000 年前,古罗马出现大"Domus"(家族主管)制度,这是家族办公室的雏形。

❹ 约 1000 年前,北宋仁宗时期,成都诞生了世界上第一张纸币"交子"。

❺ 15 世纪末,西班牙女王用"母基金"的形式资助航海,加速了全球化的历史。

❻ 1792 年,纽约证券交易所成立。

❼ 1882 年,洛克菲勒家族设立了世界上第一个真正意义上的家族办公室来管理自己的家族财富。

❽ 19 世纪 60 年代到 90 年代的洋务运动,拉开了近代中国风险投资的大幕。

❾ 1946 年,美国研究与发展公司(AR & D)成立,开创了现代风险投资业的先河。

❿ 1976 年,全球母基金鼻祖雅登投资(Adams Street Partners)设立了历史上第一个私募股权投资母基金。

中国母基金大事记

❶ 2000 年，全国社会保障基金成立。

❷ 2002 年，国内最早的引导基金"中关村创业投资引导基金"正式设立。

❸ 2006 年，全国首只市场化创投母基金元禾辰坤成立，开创了国有企业参与设计市场化母基金的先河。

❹ 2007 年，中国首次成立了国家主权基金——中国投资有限公司。

❺ 2010 年，中国首只国家级大型人民币母基金——国创母基金成立。

❻ 2010 年，诺亚财富旗下歌斐资产发起首个民营资本主导的市场化母基金。

❼ 2014 年，"双创"时代来临，加速推动了中国投资行业从个人 LP 时代到机构 LP 时代的大变革。

❽ 2015 年，国内单只规模最大的市场化母基金——前海母基金成立。

❾ 2017 年，中国证券投资基金业协会母基金专业委员会成立。

❿ 2018 年，首届"中国母基金峰会"召开，母基金迎来了以自己为主角的舞台。

自序
正在发生的"长钱革命"

　　茨威格在《人类的群星闪耀时》里说，在人类历史的长河里，总要有上百万无关紧要的时刻流逝而过之后，一个真正意义上的历史节点、人类的星光时刻才会显现。本书所关注的母基金，只有短短几十年的发展历史。这段历史在人类历史长河中，也许是"无关紧要的时刻"，但对于中国投资行业，无疑就是"星光时刻"。

　　中国的历史基本上是一部政治史，只有司马迁的《史记·货殖列传》中，记载了计然、范蠡、子贡、白圭等数十位善于经营和经商致富的各类人物，但在这样的历史记录中，我们无法看到权力之外种种影响历史的精彩元素。

　　如果我们用金融的眼光重新审视历史，就会发现千百年前如管子和鲍叔牙那样的古人所不为人知的另一面，就会发现原来资本一直是推动社会进步的力量之一，就会发现原来金融也可以改变历史，原来"母基金"早已在从春秋战国到辛亥革命的历史长河中埋下了草蛇灰线。

　　中国在金融创新方面，曾在很长一段时间内走在世界前列，只是常常被人们忽略：铸币、纸币、汇票、纸质证券，几个世纪之后才在欧洲出现。比如西汉末年到新朝时期王莽进行了币制改革，所发行的一系列钱币是古钱史上的精品。"一刀平五千"不但篆字精美，而且创造性地运用了中国古代青铜铸造的巅峰技艺"错金银"，客观上也起到了防伪的作用；1000 年前的北宋仁宗时期，成都诞生了世界上第一张纸币"交子"，它曾作为官方法定货币流通，比西方国家发行的纸币要早六七百年。

15 世纪初，郑和下西洋远达非洲东海岸，每支船队由几百艘长达百米的船只组成，共计 28000 名船员。郑和航行在时间上也比哥伦布率领 3 艘不起眼的小船渡过狭窄的大西洋到达美洲东海岸要早好几十年。但后来中国却遗憾地抛弃了远洋船只、机械钟和水力驱动纺织机，成为历史上社会技术倒退的著名例子。

15 世纪末，西班牙女王用"母基金"的形式资助航海，加速了资本主义全球化的历史发展。地理大发现以及随之而来的跨大西洋贸易网络的建立，开启了"战争资本主义"时代。

16 世纪中叶以后，东西方的金融走到了历史的岔路口：从万历到顺治，中国始终维持着固有的"士农工商"社会结构，而此时的荷兰已逐步开创现代金融体系。由此，中国与近现代金融市场渐行渐远，在金融历史的发展中逐渐被西方超越。

《中国近代史》的作者、华裔历史学家徐中约说，"东西方文明各自处在光辉而孤立的状态，相互之间知之甚少"。当时光之钟走到 18 世纪末期之际，延续了两千多年的"光辉孤立"的状态终于要被打破了。

1792 年，纽约证券交易所成立。时年正值康乾盛世的巅峰时期，但闭关锁国的大清王朝对大洋彼岸发生的变化一无所知，而美国已经在通往强国的路上疾驰而去。鸦片战争之后，林则徐放眼看世界，魏源在其著作《海国图志》中提出了著名的"师夷长技以制夷"，随后轰轰烈烈的洋务运动，进一步提出了"师夷长技以自强"的口号，也拉开了近代中国风险投资的大幕。

1868年，江南制造总局成功将自制的船壳和蒸汽锅炉，与一具翻新的外国蒸汽引擎装配到一起——中国人打造的第一艘机器兵轮"恬吉"号下水试航。一位英国人造访了兵工厂，面对这些风险投资带来的回报难掩惊讶："几艘配有大炮的运输船和炮舰已经下水，虽然由中国人操作指挥，却没有发生过任何事故。"可惜后来亚洲第一舰队北洋水师的军费被大LP"老佛爷"挪用修了园子，而舰队在甲午战争中灰飞烟灭。

在过去的200多年中，美国作为一个新兴国家，成功地超越了欧洲诸多历史悠久的传统列强，资本市场无疑起到了核心作用。保罗·肯尼迪在《大国的兴衰》中认为，大国之兴衰，更具决定性的因素，是相对他国而言的经济实力："大国的经济基础决定和影响着它的相对地位。在国际事务中，包含金融和技术实力在内的经济力量是更加持久、更加重要的力量，超越不同文化之间的理解与误解。"

自哥伦布发现新大陆以来的500多年间，世界历史舞台上不断上演着大国间权力的兴衰更迭，科学、帝国和资本之间的回馈循环正是推动历史演进的主要引擎。从荷兰在欧洲发行货币享受铸币税特权，到国际金本位制确保英国主宰世界，再到布雷顿森林体系建立后美元成为美国霸权的支柱，无不彰显着金融对大国兴衰的巨大影响。

究竟欧洲在现代早期培养了什么潜力，让它能在现代晚期称霸全球？这也是困扰《万历十五年》的作者黄仁宇的最大问题，同时也是困扰那一代中国人的最大问题，即中国与西方为何不同，中国如何才能完成现代化。《人类简史》的作者赫拉利认为，答案是现代科学和资本主义。

为什么我们需要回顾历史？因为一定程度上，一个民族对历史的态度，决定了它的未来，很多问题，历史已经给出了答案的线索。我们应该对拥有灿烂的历史文化感到幸运，因为在世界众多文明之中，没有历史的文明远超过拥有历史的文明。

经济学家李伯重写过一篇文章，叫《为何经济学需要历史》，举了一个很有意思的例子。他说：如果我们把今天的情况和两百年前的情况做一比较，那么可以清楚地看到，19世纪初中国富裕的地区，今天仍然是富裕的地区，19世纪初中国贫困的地区，大多数在今天仍然是贫困的地区。因此我们可以说，历史总在新的情况下以新的形势复出，或者说"过去"总会"重出江湖"。

但中国最终必将通过一个史诗般的历程，在血泪与汗水的共同熔铸下，艰难而坚定地、全方位地融入世界。它更会因其超大规模重新定义其所融入的这个世界，并在此过程中进行自我与世界秩序的共同演化。这是中国文明与历史之内在逻辑的自我展开，是它自我实现的必需途径。

改革开放40多年，我们一直在学习西方的先进经验，这也是近代中国"西学东渐"大主题的复出。中国把科学技术和市场经济相结合，创造出长期的经济增长奇迹。在市场经济的浪潮中，资本市场的改革与创新是重要的推动力，"母基金"是其中一种重要的思维和模式创新。

在美国，一只风险投资基金的存续期一般为10年，并且有两次延期1年的机会，而在中国，很多风险投资基金的存续期只有3~5年或5~7年。要想从根本上解决这个问题，就需要我们不断培育"长钱"生长的土壤，用政策来引导和鼓励社保、政府引导基金、险资等大型机构积极投资于私募股权行业。

"长钱革命"发生的深层次原因，是中国从个人投资者时代到机构投资者时代这样的时代转变，这也是我们国家科技和资本结合发展大战略的必然选择。在本书中，我无意详细阐述行业具体知识，而更希望借助"母基金"这样一个历史小切口，和你一起穿越古今，眺望未来。

孔小龙

2020 年 5 月，北京，望京

目　录

第三部分　专业化生存

第一部分

大象起舞

第一只现代意义上的风险投资基金起源于纽约，基本上是作为有钱的家族——比如洛克菲勒家族或惠特尼家族——的投资工具。这些家族很早就发现，在公司上市之前进行投资，更可能获得高收益。这些创业公司一旦上市或成功变现，洛克菲勒和惠特尼家族往往可以大赚一笔，从而弥补它们在其他高风险投资中的损失。很快，以家族为主的风险投资公司衍生出其他形式，1946 年多里奥特创办的美国研究与发展公司（AR & D）是美国第一家独立的（即非家族式的）风险投资公司。[①]

从第一家风险投资公司成立到第一只母基金的诞生，投资行业经历了近 30 年的演化和发展。1976 年，全球母基金鼻祖雅登投资(Adams Street Partners）设立了历史上第一只私募股权投资母基金（fund of funds，FOF），总金额约为 6000 万美元。而在那时，中国甚至还没有

---

① ［美］威廉·德雷珀三世（William H. Draper III）. 创投帝国：德雷珀家族与风险投资的崛起 [M]. 任莉，张建宇，译. 北京：人民邮电出版社，2018:48，49.

风险投资这个行业。

　　作为私募股权市场的重要参与者，母基金因其庞大的资金体量以及专业的运作团队，一直以来都是私募基金竞相追逐的募集对象，因而被称为私募股权投资"皇冠上的明珠"。

　　但直到 20 世纪 90 年代，伴随着互联网浪潮以及创投资本的涌入，母基金的数量和募集金额才达到了相当的规模。1990—1995 年被认为是母基金的正式形成时期，1990 年，欧美市场上的私募股权母基金资金规模为 5.62 亿美元，到 1992 年，当年新设立的母基金规模超过了 10 亿美元。1996—2005 年是母基金的快速扩张期，母基金的数量从 1995 年的 22 只增长到 2000 年的 122 只。[1] 经过 40 余年跌宕起伏的发展，全球共设立 1813 只母基金，总规模为 5350 亿美元。[2]

　　随着万亿社保、千亿引导基金、百亿产投等巨型机构的进场，中国母基金行业"大象起舞"的时代已经来临。

<hr />

[1]　路跃兵，杨幸鑫. 私募股权 LP：配置策略、投资实践与管理之道 [M]. 北京：中信出版社，2017:177.

[2]　中国股权投资基金协会，北京股权投资基金协会. 中国母基金实践指引白皮书（2017年版）[M]. 北京：首都经济贸易大学出版社，2017:13.

第一章　永恒的博弈

对于母基金这一新兴事物，国内各家投资机构和各风险投资协会以及其他研究组织，甚至无法在最基本定义上达成一致。

狭义概念上的私募股权母基金，是以私募股权投资基金作为主要投资对象的投资基金，是指"基金中的基金，即 FOF"。在我国母基金行业的发展实践中，更多的是采用广义概念上的母基金，具体是指管理规模超过几亿元（有几种观点分别认为，这个门槛应该是 3 亿元 /5 亿元 /10 亿元），投资过至少 3 只基金的机构投资人，包括主权财富基金、社保基金、政府引导基金、产业投资机构、市场化 FOF、家族、三方财富、大学基金会等。

在母基金的构成要素中，LP 与 GP 的关系，既是投资者与受托管理人间的委托代理关系，更是鱼与水般的相互依存关系。两者之间永恒的博弈与互动，成为行业扩张发展的核心动力。

历史长河中的 GP 和 LP

合伙制可以追溯到公元前 2000 年的古巴比伦王国。这种商业组织形式为长期需要大笔资金的投资提供了一种融资方式。在信奉基督教的欧洲，禁止放高利贷收取利息，合伙制则提供了一种迂回的方式。[①] 更多人认为，风险投资的原始形态，可以追溯到大航海时代，那个时期诞生了最早的 GP 和 LP 制度的雏形。

哥伦布凭什么能够完成航行？是因为背后有出资人出钱，并且把决策权都给了他。如果他找到宝藏，会分给金主；如果葬身海底任务失败，金主们的投资就血本无归。当时欧洲人想到富饶的东方去寻找财富，就会资助航海人船只。航海人把中国的瓷器和丝绸以及印度的香料运回欧洲，有时甚至可以获得百倍以上的回报。

1492 年，西班牙女王伊莎贝拉经过多年考虑，决定投资哥伦布的探险计划。哥伦布与女王签下了一个非常不错的投资方案，哥伦布获得航海探险收益的 10%，并可以成为新发现领地的总督，剩余收益将归女王所有，而女王预付哥伦布探险所有的费用，因此西班牙女王也被认为是最早的大 LP。

到了 16 世纪，捕鲸业成为一个商业行业，当时冰岛等地每年大约有 60 艘捕鲸船从事捕鲸业务。独立战争后，美国内需旺盛，人们将目光投向海上，"Whaling Ventures"（捕鲸产业）模式应运而生。可观的回报吸引了大量资金进入，捕鲸业成为 19 世纪美国支柱产业之一。

---

① ［美］马克·鲁宾斯坦. 投资思想史（典藏版）[M]. 张俊生，曾亚敏，译. 北京：机械工业出版社，2018:5.

捕鲸业的资本大冒险，奠定了美国风险模式的经验基础。[1]

富煜亚洲投资总裁姒亭佑，在资产管理行业 20 多年的从业经历中，曾帮助多个家族管理母基金投资业务，在他看来，母基金在东方的历史更加源远流长，最古老的 GP 和 LP 关系，起源于 2700 多年前的"管鲍之交"。

管仲年轻时经常与鲍叔牙交往，鲍叔牙知道他有贤才。管仲家境贫困，常常占用鲍叔牙的一部分财产，鲍叔牙却一直待他很好，不因此而生怨。后来鲍叔牙服侍齐国的公子小白，管仲服侍公子纠。到了小白被立为桓公的时候，公子纠被杀死，管仲也被囚禁。鲍叔牙就向桓公保荐管仲。管仲被录用以后，在齐国掌理政事，齐桓公因此而称霸，多次召集诸侯会盟，匡正天下，其中很多都是依靠管仲的谋略。

管仲说："我和鲍叔牙一起做买卖的时候，分财利往往自己多得，而鲍叔牙不将我看成贪婪的人，他知道我贫穷；我多次做官又多次被国君斥退，鲍叔牙不拿我当无能之人看待，他知道我没遇上好时运；我曾经多次打仗多次退却，鲍叔牙不认为我是胆小鬼，他知道我家中还有老母。生我的是父母，了解我的是鲍叔牙啊！"

好的 LP 跟 GP 是一条心，他们之间能够相互理解、相互体谅。管仲足够幸运，遇到了一个好的 LP 鲍叔牙，这么多年从没有对他施加过压力，使得他完全可以按照自己的判断和节奏去生存和发展，并最终成就了一番事业，而鲍叔牙也因为发掘和投资了管仲而青史留名。这种 GP 和 LP 的关系，堪称千年典范。

---

[1] Tom Nicholas. VC:An American History[M]. Cambridge:Harvard University Press, 2019:11-15.

有限和无限的游戏

既然 LP 和 GP 的博弈是行业发展的动力之一，那他们之间又是怎样博弈的呢？

美国哲学家、纽约大学宗教历史系教授詹姆斯·卡斯在他的著作《有限与无限的游戏》中，把所有的人类活动总结成两种游戏：有限的游戏和无限的游戏。有限游戏的目的在于赢，而无限游戏却想让游戏永远进行下去。

有限游戏的目的，一般都是获得短期的胜利，所关注的，也只是一时的成败。然而人类社会中更重要的，却是无限游戏。无限游戏并不以每一次的胜利为目标，它的重点，是尽可能地将眼下正在进行的游戏延续下去。有限和无限的游戏，或者说有限博弈和无限博弈的关系，同样适用于 GP 和 LP。有些 GP 只在乎当下和眼前的利益得失，只专注于一时一隅的有限游戏，看不到更高层面的价值和意义，无法站在更高的维度，用无限游戏的视角，来做出决定生死存亡的重大决策。

比如参与造假的投资机构确实有可能通过不规范的行为，在短期内最大限度地提高自己的收益，但长此以往，他们靠违反原则获取的收入，将远远不够弥补因为坏声望失去的收入。

2020 年 4 月 24 日，中国证监会在官网发布的《证监会严厉打击上市公司财务造假》文章重申，上市公司真实、准确、完整、及时地披露信息是证券市场健康有序运行的重要基础。财务造假严重挑战信息披露制度的严肃性，严重毁坏市场诚信基础，严重破坏市场信心，严重损害投资者利益，是证券市场的"毒瘤"，必须坚决从严从重打击。

LP作为出资方，传统意义上仅享有收益权，不参与经营管理。虽然LP和GP两者理论上分工明确，但实际中往往有剪不断、理还乱的"亲密"关系，在行业强监管大趋势下，很多LP要求获得更多对GP操作的"知情权"，一些强势的LP甚至要求间接参与基金的管理。谈判天平向LP的倾斜，造就了更多有利于LP的条款，如"无过错撤资"条款。同时也强化了GP的信息报告义务，迫使他们更频繁、更细致地汇报投资进展和收益情况，增强信息透明度。

美国也经历过类似的过程。在对2008年金融危机做出反思后，美国2010年通过了多德–弗兰克法案（Dodd–Frank Act）。其中一项要求是资产总量超过一定门槛的私募股权公司必须在美国证券交易委员会注册，并须接受对其内部的定期审查。针对新的监管制度，各私募股权公司实施了更严格的合规政策，并聘请了顾问和内部专家，以确保引入市场上最为成熟的做法。其结果是，美国私募股权行业迅速规范化，信息透明化。

关于管理人的信息透明度的讨论，近年来在美国越来越火热。许多LP开始加强对其所投基金的调查分析，寻求更详细的信息。这引发了LP和GP之间更多的对话。美国证券交易委员会也对私募股权基金的信息披露做出了指导，重点关注费率、估值计算和财务报告等。

信息不透明一直以来都是国内一级市场中LP最苦恼的地方。GP在募集资金的过程当中，鼓吹的IRR（内部收益率）往往掺杂着不小的水分。而DPI（现金回报倍数）则常常因基金设立时长不足而语焉不详。

除此以外，基金整体的估值也因为底层资产不甚透明而容易让并不参与管理的 LP 被蒙在鼓里。一旦市场信心受到影响，在不平等、不公开、不合理的投资者关系之下，难免会有 LP 出现"断供"和"弃购"的投资行为，就有可能引发一些 LP 对相关 GP 的撤资。

中国的资本市场一路走来，取得了长足的进步，但和以美国为首的西方发达国家相比，依然处于较为初步的发展阶段。特别是在私募股权投资市场上，中国的投资机构无论在管理的资产总额，还是管理方式的专业化程度上，都仍有很大的发展空间，信息透明化也必将成为中国私募股权市场不可阻挡的大趋势。

从恋爱到走进围城

当 GP 和 LP 度过了甜美的恋爱期想要一起相守，就要面对令很多人望而生畏的婚姻围城了。一个基金投资周期基本要 5 年以上，再加上退出期和延期，LP 和 GP 已经到了"七年之痒"的时间。LP 和 GP 关系，能达到"soulmate"（知己）级别的可谓凤毛麟角，比较著名的有耶鲁大学捐赠基金和高瓴资本、新加坡 GIC 与凯雷集团等，但是这种关系太罕见了，可遇而不可求。

中投公司私募股权投资部原负责人王欧认为，在早期阶段，GP 和 LP 之间只是单纯的"投资—获取回报—提取管理费及超额分成"的关系，这个时期的 GP 和 LP 的关系可以被称为产品驱动型关系。在产品驱动型的投融资关系阶段，GP 和 LP 的关系更接近于围绕产品本身就事论事的关系。

在政府引导基金管理机构盈富泰克总经理刘维平眼中，良好的 LP

和 GP 关系就是要平等、专业和超脱。平等是说 GP、LP 要平等、匹配，不存在谁求谁、谁帮谁、谁高谁低的问题："我们投资子基金只是去添砖加瓦、保驾护航。LP 要超脱些，既然选了 GP，就要相信自己的眼光，信任 GP。"

其实几乎所有关于婚姻和爱情的名言警句都适用于 LP 和 GP 的关系，比如莎士比亚的名言："不如意的婚姻好比是地狱，一辈子鸡争鹅斗，不得安生；相反，选到一个称心如意的配偶，就能百年谐和，幸福无穷。"

2011 年 5 月，某著名机构投资合伙人与某位企业家"私奔"，对所在投资机构的业务不管不顾，引发私募股权行业，尤其是 LP 的高度关注。其实这类情况在之前的私募股权投资实践中都有涉及，叫作关键人条款，只是以前这个条款基本没怎么发挥作用，直至"私奔事件"的出现，人们才开始重视这类条款的效力。而在海外，有一个类似于中国居委会大妈的专门组织，为 LP 和 GP 的关系做调解和疏导，它就是 ILPA（机构有限合伙人协会）。

ILPA，是代表已经投资于或将要投资于私募基金的机构有限合伙人利益的同业公会。为了促进对 LP 与 GP 关系的界定，ILPA 于 2009 年发布了《私募股权投资原则》，反映了 LP 对制定更有效的条款的需求、对提升 GP 治理水平和透明度以及更能体现 LP 利益的管理费结构的特别关注。[1]

《私募股权投资原则》的正式提出要追溯到金融危机时期。自

---

[1] [美] 罗杰·利兹，纳迪亚·萨特莫西. 私募崛起：价值创造的另一片蓝海 [M]. 韩复龄，译. 北京：机械工业出版社，2017:21.

2008 年金融市场触礁以来，私募股权投资也没能独善其身。那时，大型养老保险基金面对发生在自己以及旗下投资组合的惨痛打击，均不知所措。虽然 GP 们还不至于被迫出售资产，但收购来的企业都在破产边缘苦苦挣扎，这也让 LP 们焦虑不已。

2009 年 1 月，来自美国和加拿大的部分养老保险基金的明星当家人聚集在丹佛机场的会议室里，他们代表的基金规模超过了 1 万亿美元。此次会面的主题是私募股权投资等式的另一方——GP 是否能够把控投资机遇。在随后的几个月中，"丹佛小组"和 ILPA 创始团队把各家的经验归纳并整理成处理 LP 和 GP 之间关系的重要原则。2009 年 9 月，ILPA 推出了《私募股权投资原则》第一版，LP 们抱团以谋求更多权力的公开声明犹如平地一声惊雷，震撼了整个私募股权行业。①

其实婚姻如果到了需要居委会大妈进场的阶段，离结束也就不远了，尤其是涉及双方巨额财产分割的时候，LP 和 GP 的"婚前协议"（LPA，有限合伙协议）更为重要。

LPA（limited partnership agreement），是基金设立时最重要的文件，也是 GP 和 LP 之间的权利义务博弈的主要战场。目前市场上 LPA 版本各式各样，条款约定也不尽相同。显然这个世界上没有完美的 LPA，最佳方案就是双方的激励和风险 / 收益回报保持一致。

根据《母基金周刊》联合科勒资本发布的中文版《全球私募股权晴雨表》数据，40% 的 LP 对回报感到失望。他们在遭遇过一次次的基金延期之后，想要把现金重新攥在自己手上，并且开始通过"婚前协议"

---

① ［美］贾森·凯利 . 私募帝国：全球 PE 巨头统治世界的真相 [M]. 唐京燕，译 . 北京：机械工业出版社，2018:13-14.

进行反抗：管理费、关键人物条款、优先收益、回拨机制、赔偿条款、最惠国待遇以及基金延期等都成为博弈的焦点，一些 LP 开始通过参与投资决策委员会、咨询委员会和合伙人会议的方式，要求更深度地参与基金治理。

　　LP 对 GP 的不满，很容易引起他们之间的冲突。黑石创始人苏世民，一直是资本市场上叱咤风云的人物，但被 LP 责骂是他几十年职业生涯的"至暗时刻"。总统人寿保险公司是黑石的 LP，一天，公司首席投资官约见了苏世民，并劈头盖脸地训斥他："你是能力有问题，还是脑子不好使？得蠢到什么程度，才会把钱浪费在这种毫无价值的东西上？我怎么能把钱交给你这种低能儿呢？"

　　苏世民任由他责骂，心里知道他是对的："我们赔上了他的投资，因为我们的分析存在缺陷，而决策者是我。这一刻是我今生最羞愧的一刻——我没有能力，我不称职，我让公司和自己蒙羞了。坐在客户的办公室里，我感觉自己的眼泪不由自主地涌了出来，双颊变得通红。走在去停车场的路上，我对自己发誓，这样的事情以后永远都不能再发生在我身上。"[1]

　　当然也有 GP 对 LP "不爱了"的时刻。2008 年金融海啸中，基金管理人迈克尔·巴里通过仔细阅读大量乏味的资料，发现美国住房抵押贷款证券泡沫严重，存在绝佳的做空机会，他最先设计出一种能做空的产品，但 LP 不理解他的想法，纷纷对他施压要求撤资，却被巴里以 LPA 条款规定为由锁定了资金。当一切尘埃落定，基金取得 + 489%

---

① ［美］苏世民. 苏世民：我的经验与教训 [M]. 赵灿，译. 北京：中信出版社，2020:173.

的收益，巴里却发现自己已经丧失了为 LP 管理资金的兴趣，于是关闭了基金。好莱坞电影《大空头》真实而精彩地还原了这段历史。

坐在谈判桌两边的 LP 和 GP，如果双方的身份互换，他们也许会在某个时刻感慨，自己居然说出了一句曾经最讨厌听到的话，自己居然活成了自己曾经最讨厌的样子。

总之，LP 与 GP 的完美关系，不应该只限于一次基金募集和短期收益，即使 LP 在短期内不能给出明确的投资意向，至少也要开诚布公，告诉 GP 有哪些地方可以改进。如果 GP 确实靠谱，LP 也可以考虑将其介绍给其他合作的 LP。LP 应该成为积极的解决方案提供者和机构发展的建设者，帮助潜在投资者和已投 GP 排忧解难，陪伴他们共同成长，毕竟陪伴才是最长情的告白。

第二章　母基金可以改变历史

　　仅仅数年之前，私募股权在中国还默默无闻，而现在已发展成为超大规模的行业。美国投资人依旧是全球风险资本的最大单一来源，但中国在非美国家风投金额统计中更呈迅猛增长之势，北京、上海也已跻身全球创投风投中心城市。2017 年，在大型融资交易中，中国投资者牵头的交易所占比例已高于美国投资者牵头的交易。在东南亚市场，中国资金正蜂拥对本地初创公司进行投资。

　　中国正在重新定义其所融入的这个世界，中国母基金正在全球投资行业书写新的历史。

我们面临的新时代

　　2018 年 4 月 27 日，《关于规范金融机构资产管理业务的指导意见》（简称"资管新规"）正式发布。"资管新规"的出台，开启了未来行业的全新格局，大资管时代已经拉开帷幕，募资难成为机构共同的痛点，中美贸易战的不期而至更令很多人无所适从。暂时搁置争议，让我们一起抽丝剥茧，看看到底发生了什么。

2017 年，创投圈的很多人还沉浸在迷梦中，可转过年来天就塌了。圈子里的热门话题从消费升级变成了消费降级，募资难成为 GP 和 LP 共同的痛点。国内出现了首个正规私募基金实控人跑路的案例，"阜兴系"百亿私募掌门人朱一栋的潜逃和被抓，引发了对银行托管权责的大讨论。

为什么爆发的时间点是 2018 年，而不是 2017 年或者 2016 年？

在 2008 年全球金融危机之前，中国的宏观杠杆率走势比较平稳，但在其后经历了 10 年的大幅上升。2017 年年底，任央行行长 15 年之久即将离任的周小川说了一句让媒体热议的话："中国要重点防止明斯基时刻。"

明斯基时刻是指美国经济学家明斯基所描述的时刻，即资产价值崩溃的时刻，显示的是市场繁荣与衰退之间的转折点。明斯基提出，有两种方式会导致经济资本发展"不良"，即"斯密主义"和"凯恩斯主义"。第一个指"错配"：融资给错误的投资。第二个是指投资不足，导致总需求水平太低而不能促进高就业，以及生产能力不足而不能促进生活水平的改善。[1]

大多数危机确实遵循着一种相似的模式，因此我们可以尝试识别警告信号，比如金融体系中的过度杠杆化，特别是当金融体系过于依赖短期融资时，尤其需要注意在整个金融体系中属于风险监管措施薄

---

① [美]L.兰德尔·雷.明斯基时刻：如何应对下一场金融危机[M].张田，张晓东，译.北京：中信出版社，2019:205.

弱并且风险化解途径有限的领域。①

　　央行的数据显示，截至 2017 年年末，不考虑交叉持有因素，我国金融机构资管业务总规模已达百万亿元。除此之外，互联网企业、各类投资顾问公司等非金融机构开展资管业务也十分活跃，一些产品多层嵌套，风险底数不清，资金池模式蕴含流动性风险，刚性兑付普遍。这种情况下，"资管新规"的出台可谓正当其时。

　　"资管新规"的出台和落地，让过去依赖银行配资的母基金和 GP 面临巨大挑战，未来人民币市场 LP 格局将重新调整，而这种金融监管传导到投资行业的最直观体现，就是募集金额的断崖式下跌。根据清科研究中心的统计数据，2018 年上半年，国内股权投资市场募资总额仅为 3800 亿元，同比下降 55.8%。

　　2017 年中国母基金募集规模约为 6000 亿元。虽然募集总目标规模很大，但实际上 "Dry Powder"（干火药，即可用于投资的现金总额）严重不足。很多母基金还没有实际落地，到账金额也没有那么多，而且很多不会立刻投向 GP，更多的是持币观望或者确保之前所投 GP 不死，同时也有一些 LP 出现了 GP 化的现象。

　　在投资圈里，有一个很有名的段子："每当冬天来临，就会有经纬中国张颖同志内部发言流出，易凯资本王冉同志发文跟上，华兴资本包凡同志总结陈词……其他同志默默转发。"

　　"资管新规"出台和落地后最先发声的是易凯资本创始人王冉，他认为："一级市场估值将普降 30%，一些人民币 GP 也会关门大吉。未

---

① [美] 本·伯南克，蒂莫西·盖特纳，亨利·保尔森. 灭火：美国金融危机及其教训[M]. 冯毅，译. 北京：中信出版社，2019: 序言.

来几年，募资环境都将比较险恶，募资周期会显著延长，这一波资金寒冬才刚刚开始。"

"资管新规"的发布和实施，标志着中国金融宽松化的历史暂时告一段落。

《门口的野蛮人》讲述了美国20世纪80年代杠杆热潮中最疯狂的一起并购案——KKR集团收购纳贝斯克公司，这是华尔街历史上第一次在没有管理层合作的条件下，投资公司所赢得的收购。在这次传奇收购中，当时的纽约名流特朗普只是作为一个绝对的配角，出现在1988年11月10日的一场年度晚宴中，而30年后作为美国总统的他，却成为中美贸易战中当之无愧的"C位之王"。

目前的中美贸易战对中国资本市场的影响主要有以下四点：

首先是中国金融行业将更加开放，外资金融机构进入中国的步伐明显加快，已有超过10家外资资产管理机构获得境内私募基金管理人牌照，其中包括元盛、瑞银资管、贝莱德、富达等知名公司。世界头号对冲基金——桥水基金也已经完成备案登记，正式成为境内私募管理人。

其次是一级市场LP将萎缩。由于宏观经济调整和中美贸易战的影响，中国股市持续低迷，二级市场无法为一级市场输血，一级市场LP进一步萎缩。

再次是中国资本国际化之路将受阻。中美贸易战爆发后，美国加紧审查外国投资人投资的美国业务，看其是否对美国国家安全构成风险，这意味着中国资本基本上无法进入关键科技行业，中国资本国际化之路受阻。

最后是未来美元LP有可能逐渐减少。2000年之后，美元资金大面积进入中国有两个前提条件：

第一是中美之间相对稳定良好的国际关系。随着特朗普上台后中美关系的持续走低直至大规模贸易战的爆发，这一前提已不复存在。就在中美贸易战的敏感时机，有国外媒体称，中国主权财富基金中投公司已经清空了美国黑石集团的股权，开始与美国资产管理巨头划清界限，但《金融时报》称，中投是逐步清仓的，特朗普上台前已经抛售多数股权。"澎湃新闻"援引《华尔街日报》报道称，这次出售似乎预示着中美两国经济关系的新时代。中投和黑石的合作曾被视为2007年中美两国经济关系的一个值得注意的时刻，当时的这笔交易代表了中国首次将部分外汇储备投资于美国国债之外的其他项目。

黑石集团首席执行官苏世民当时将这笔交易称为"全球资本流动的典范转变"。这笔交易也帮助苏世民成为中美两国商界和外交界的主要参与者。无论清仓黑石的原因到底是什么，结果就是中国主权财富基金结束了在这家美国私募股权投资公司长达10年的持股。

第二是中国经济增长速度远超美国，投资中国存在巨大的套利空间。特朗普担任美国总统后，将企业税从35%降至21%，几乎刷新全球最大幅度，在更为宽松的监管环境下，美国商业信心大增，消费和投资更为活跃。随着中美之间GDP增速的差距进一步缩小和投资信心的此消彼长，双方之间巨大的投资套利空间基本已不复存在。

当这两大前提都不复存在的时候，主流美元投资机构基于中美关系的变化和经济增长套利空间抹平的因素，有可能对全球资产配置策略进行重新调整，未来一级市场上美元资金减少的趋势将不可逆转，只是下降的规模有多少和速度有多快的问题。

贸易战来临，母基金应该做什么

东西方之间的对立与冲突由来已久，很多人试图以各种理论来解释，日本历史学家冈田英弘认为，这与基督教宣扬的善恶二元论历史观有重要的关系。这种历史观认为：世界是欧洲的善与亚洲的恶相互对立的战场。欧洲被赋予神圣的天命，获得神的帮助，与被视为恶魔的亚洲对抗，打倒并征服亚洲。当欧洲打倒亚洲获得最后胜利时，对抗解除，历史也就完结。[①]

而传统国际关系理论则认为，大国之间的竞争，经济实力是更具决定性的因素。在 18 世纪初期，供养庞大的常备军和国家舰队耗资巨大，因此能够建立先进的银行借贷系统的国家（如英国）比金融系统落后的对手，享有多方优势。[②]

英国学者李约瑟，提出了导致 18 世纪和 19 世纪中西方出现大分流的"李约瑟之谜"：中国古代对人类科技发展做出了很多重要贡献，但为什么科学和工业革命没有在近代的中国发生？曾有一位工业革命史学家提出，19 世纪的欧洲金融系统是工业革命发生的重要助力。[③]

1989 年，美国学者弗朗西斯·福山，在《国家利益》杂志发表了一篇震惊世界的文章——《历史的终结》，以预言者的姿态宣称西方世界将会获得决定性的胜利。美国资深记者、作家托马斯·弗里德曼 2005

① [日] 冈田英弘. 世界史的诞生：蒙古帝国的文明意义 [M]. 陈心慧，译. 北京：北京出版社，2016:50.
② [英] 保罗·肯尼迪. 大国的兴衰 [M]. 王保存，王章辉，余昌楷，译. 北京：中信出版社，2013: 前言.
③ [美] 威廉·戈兹曼. 千年金融史：金融如何塑造文明，从 5000 年前到 21 世纪 [M]. 张亚光，熊金武，译. 北京：中信出版社，2017:146.

年出版了新书《世界是平的：一部二十一世纪简史》。他认为在世界政治、经济走向全球化的前提下，在科技，特别是互联网的推动下，世界将变得越来越"平坦"。

然而世界不但没有变"平"，反而更加崎岖。贸易问题如火如荼，很多人甚至认为"文明的冲突"正在变成现实。近30年后，托马斯·弗里德曼在接受媒体专访时承认，他乐观得太早了。历史并没有按照他预想的方向前进，在全球化和逆全球化力量的激烈碰撞下，世界并没有变"平"，反而更加分化，贸易保护主义的阴霾再度袭来。

除了美国，英国这个代表自由贸易的国家越来越走向保守，正在强硬地试图脱离欧盟的束缚。亚洲市场上，日本和韩国围绕芯片引起的贸易战也愈演愈烈。诺贝尔经济学奖得主斯蒂格利茨教授认为，特朗普用"零和博弈"的视角看待贸易，在这个博弈中，一个国家收益的百分比是以另一个国家的损失为代价的，这会煽动起一场新保护主义的全球化逆潮。

金融资本和科技相结合，会产生出巨大的经济推动力，这也是现代中国最需要发展的方向之一。而资本和科技，正是中美贸易战争夺的两个核心焦点。中美贸易战，打的是两个核心：一个是货币地位，另一个是科技产业的话语权。中国发展为今天全球第二大经济体，美元和人民币全球输出的诉求发生了冲突，这是贸易战的起因之一。另一个起因是中国正在从制造业大国向科技型大国转变，如果华为的5G占领了全球市场，那就意味着中国的通信设备将主导全球，这是美国人所不能容忍的。

苹果对手机进行了颠覆式创新之后，迅速地占领了中国市场，推动了高通的芯片、索尼的镜头、三星的触屏。我们有最大的市场，本应成为手机核心部件的研发和生产大国，最后反而成了一个加工集中地，这不禁令人惋惜。华为、中兴、小米、OPPO等中国整机厂商都对美国半导体元器件高度依赖，贸易战正在倒逼中国高新技术企业技术和供应链去美国化，以确保自身安全。

面对如此艰巨的挑战，华为也打破过去不直接做股权投资的传统：2019年4月23日，华为成立了哈勃投资，注册资本达7亿元，并成为唯一股东。华为之前也有专门负责投资的企业发展部，也曾投资了昆仑万维和暴风科技等互联网项目，且获利颇丰，但这并不是战略投资，也没有长期持有。与已经全面投资了从底层到应用层、构建起护城河的互联网巨头们相比，华为始终是"缺一条腿"在走路。

要想弯道超车，仅靠自己做GP投资，能撬动的资源有限，"LP化"或许是华为未来投资战略的一个方向，实际上华为也曾经有过尝试：2010年年底，第一只国家级大型人民币FOF国创母基金设立时，在首期150亿元的募集份额中，华为出资5亿元，首度以LP的身份出资母基金。

2020年5月31日，马斯克的SpaceX公司，在美国肯尼迪宇航中心成功发射猎鹰9火箭，将美国宇航局（NASA）的2名宇航员顺利送入太空，这也是历史上首次由私人公司将宇航员送入太空，为未来人类太空旅游等提供了更多可能，成为历史上的里程碑时刻。

商业航天的成功，离不开美国政府和风险投资的大力支持。2011年，美国宇航局与SpaceX签订了商业载人航天开发合同，而SpaceX已经筹集了超过5亿美元资金，公司目前的估值约为360亿美元，是全球估值最高的非上市公司之一。

在 SpaceX 和国内相关政策解冻的刺激下，中国的商业航天产业开始进入探索期，不少民营火箭企业在 2018 年获得风险投资的青睐，如蓝箭航天、零壹空间和星际荣耀均获得数笔融资，这些公司也相继发射自研火箭。

2020 年 4 月，国家发改委首次将卫星互联网纳入"新基建"范围，卫星互联网由此与 5G、物联网、工业互联网一起并列为通信网络基础设施，引发国内市场关注。九天微星、微纳星空等国内商业航天初创公司完成了新一轮融资，中国商业航天产业有望迎来"大年"。

尽管取得了一定的成绩，但是中国民营火箭企业的资金主要来自融资，对于商业航天这样回报周期较长、风险较大的产业，社会资本相对比较谨慎，空间信息技术领域的专业基金募资仍然存在很大困难。政府应该大力推动政府引导基金以及其他机构 LP 对航天专业基金的投资。

未来母基金在推动战略产业系统布局方面大有可为，母基金有责任也有能力推动国家对产业进行系统布局，逐步引导产业的升级递进。

亚投行的新生

2020 年 4 月，国家发改委新闻发布会明确了我国新型基础设施建设的三大领域，而在国内"新基建"的浪潮中，母基金是一种重要的金融工具。盛世投资首席执行官张洋认为，母基金十分契合新基建的需求，可以与新基建的长周期特性相匹配，并有效平衡新基建投资的风险和收益。

在国际"新基建"的浪潮中，也有母基金的身影。

2015年6月29日，57个国家的代表齐聚北京，亚洲基础设施投资银行（简称亚投行）宣布成立，德国媒体把这个日子称为"中国世纪的里程碑"。2019年10月24日，位于朝阳区奥林匹克公园中心区的亚投行总部大楼暨亚洲金融大厦竣工，这也是正式落户北京的第一个多边金融机构的总部大楼。大厦的建筑设计理念来自中国古代城市"九宫格"，形似一把巨型的"鲁班锁"。

亚洲金融大厦的意义，远不只是一座地标建筑：作为亚投行的总部大楼，它不仅体现了创始成员国对中国政府和北京的支持与信任，在国际经济、金融版图中也具有非同一般的重要意义。分析人士认为，亚投行不仅有利于亚洲地区的基础设施建设和经济发展，更加体现了一种大局思维，让新兴市场国家不再受制，也把中国在世界经济舞台中的地位再次拉升了一个档次，以带动中国产业升级，推动中国金融服务业的改革发展和国际化接轨，这是一个新的起点。

如果把亚投行看作一个法定资本1000亿美元的"超级GP"，那57个创始成员国就是57个"LP"，其中中国又是最大的"基石LP"。

俄罗斯智库"战略和技术分析中心"认为："在国际上存在一个广泛的共识，即基础设施建设发展的不足是欠发达国家经济增长的主要障碍，新丝绸之路应该采取一些金融措施来解决这一问题。"印度智库"全球关系委员会"认为，在运作方面，亚投行与世界银行、国际货币基金组织有三点相似之处，其中的一点是："世界银行以及国际货币基金组织曾投资养老基金、主权财富基金以及保险公司，而中国的投资不仅仅局限在这几个方面。"[①]

　　这两个智库的观点提示了一个信息：亚投行本身也可以是母基金和基金的重要出资人。2019 年 12 月，亚投行宣布董事会已批准投资两只私募股权基金：中信资本泛欧亚基金和 SUSI 亚洲能源转型基金。亚投行将通过基金促进私人资本进行基础设施投资，并为基金的环境、社会和公司治理（environment，social and governance，ESG）做出贡献。

　　上述投资包括对中信资本泛欧亚基金 7500 万美元的投资承诺以及与该基金最多 5000 万美元的联合投资。该基金目标规模为 5 亿美元，专注于对基础设施和其他生产部门的投资，使机构投资者能够受益于欧亚国家快速增长的经济和贸易流动。

　　另一笔投资是对 SUSI 亚洲能源转型基金最多 5000 万美元的投资承诺以及与该基金最多 5000 万美元的共同投资。该基金目标规模为 2.5 亿美元，项目侧重于能源部门，主要投资于东盟地区的可再生能源方面的储能和微电网项目，使机构投资者能够受益于亚洲发展中国家的能源转型趋势。

①　王灵桂. 国外智库看"亚投行"[M]. 北京：社会科学文献出版社，2015: 序言，188.

第三章　开端：莽莽欧风卷亚雨

"一桩奇迹或者一件非凡之事的发生，其第一步总是某一个人相信这奇迹会发生，什么时候这都是奇迹发生的前提。当学者们犹豫不决的时候，那种无知者无畏的天真勇气偏巧能带来创造性的推动力。"①

宴开玉楼

中国创投行业发展了20多年，举办的大型会议不计其数，却从没有一个将主题聚焦在母基金身上。2018年9月底，第一次"中国母基金峰会"终于在时间博物馆拉开序幕。

时间博物馆地处北京钟鼓楼东南隅，故而也带有"晨钟暮鼓"的内在含义。峰会50人论坛环节在博物馆西厅举行，馆藏"宴开玉楼"古牌匾，寓意观钟鼓楼，品中国文化，故为宴开玉楼，与场景相得益

---

① ［奥］斯蒂芬·茨威格. 人类的群星闪耀时 [M]. 吴秀杰，译. 桂林：广西师范大学出版社，2016:178.

彰。与会者中包括众多见证了中国母基金行业诸多发展历史的人：全国社保基金理事会原副理事长王忠民、曾参与中国第一部投资行业法律起草的道合金泽主管合伙人葛琦以及君联资本董事总经理兼首席运营官王彪文等。

王彪文（PV Wang），曾被称为美元 LP"四大金刚"之一，在雅登工作过 17 年，并担任雅登投资合伙人等职务，掌管超过 30 亿美元的资产，包括基金和直接投资等，可谓亲历、见证并推动了母基金的崛起和蜕变。他曾分享过这样一段经历："当年的一个会议让我记忆深刻，一位资深的法国风险投资经理不客气地点评了一番中国当时的风险投资行业，还劝我要把事业的重心放在欧洲，才会有未来。这句话让我心里感觉非常复杂，只能默默盼望中国的 PE（私募股权投资）行业能快速发展。"

回顾我国股权投资行业波澜壮阔的历史：从无到有，从小到大，从外资唱独角戏到现在国资民资外资百花齐放，历经万众瞩目的盛夏，也遭受过募资寒冬。我们既看到了世事的无常，更看到了投资行业长青。

20 世纪 90 年代中后期，美国掀起了对互联网公司的投资热潮。从 2000 年下半年开始，互联网泡沫的突然破灭令美国纳斯达克市场哀鸿遍野，整个科技行业和风险投资行业都遭受了重创，国内的美元投资基金也受到了波及。而这一时期的本土 VC（风险投资机构）由于创业板迟迟未推出而退出无门，很多机构黯然退出投资市场。为了帮助中小企业获得创业投资，这个时期在北京、深圳、上海、江苏和山东等地陆续出现了一些具有政府背景的投资公司，它们已经具备了政府引导基金的雏形。

2002 年 1 月，为了吸引和带动社会资本投资中小科技企业，中关村管委会出资设立了我国第一家政府引导基金——中关村创业投资引导基金，拉开了政府引导基金入市的序幕，而这家政府引导基金的管理机构就是盈富泰克。在动辄千亿体量的各类政府母基金行业中，早在 2000 年就成立、由做 GP 起家到又做母基金当 LP、目前管理资金 150 亿元的盈富泰克，无疑是一个另类的存在。

盈富泰克创业投资有限公司成立于 2000 年 4 月。公司由 10 家大型信息产业企业集团出资设立，从事电子信息产业的基金管理、创业投资和咨询服务，并接受信息产业部委托，管理国家电子信息产业发展基金。这家出生时就含着金汤匙却"大隐于世"的母基金，管理着财政部和原信息产业部的电子发展基金及财政部和国家发改委的国家新兴产业创投引导基金。盈富泰克成立时的第一笔资金投资了邓中翰创办的中星微电子并成功上市退出，从此拉开了中央财政资金支持国内中小科技企业投资方式转型的大幕。

2006 年 9 月，全国首只市场化创投母基金元禾辰坤成立，开创了国有企业参与设计市场化母基金的先河，截至 2019 年年底，四期母基金总资产管理规模超 200 亿元，辐射资产规模预计超 1000 亿元。

元禾辰坤背后的基石 LP 之一的苏州工业园区，也是一个在中国母基金历史上的重要拓荒者。苏州工业园区 1994 年设立，行政区划面积 278 平方公里，其中，中新合作区 80 平方公里，是中国和新加坡两国政府间的重要合作项目，被誉为"中国改革开放的重要窗口"和"国际合作的成功范例"。苏州工业园区率先开展开放创新综合试验，是全国首个开展开放创新综合试验区域。成为全国首只市场化创投母基金的基石 LP，可谓水到渠成。

2010 年 12 月，中国首只国家级大型人民币母基金——总规模达 600 亿元的国创母基金——正式落户苏州工业园区。国创母基金由国开金融和苏州创业投资集团共同发起设立，首期资金规模 150 亿元，分为 PE 母基金和 VC 母基金两个板块。其中，PE 板块为国创开元股权投资基金，首期规模 100 亿元，主要投资于专注产业整合、并购重组的股权投资基金；VC 板块为国创元禾创业投资基金，首期规模 50 亿元，主要投资于专注早期和成长期投资的创投基金。

2015 年 10 月，国创母基金二期签约仪式在苏州工业园区举行。在延续首期国创母基金良好运作的基础上，元禾控股与国开金融发起设立第二期国创母基金，目标总规模不低于 150 亿元，包括规模不低于 100 亿元的国创开元二期股权投资基金和规模为 50 亿元的国创元禾二期创业投资基金。

苏州工业园区一直将发展母基金作为战略方向，并持续不断投入资金。2020 年 1 月，苏州工业园区发布 16 条金融新政，特别提出要打造全国标杆性创新资本生态圈，设立规模 20 亿元的天使母基金和 100 亿元的政府引导基金。

最寂寞的 LP

1979 年，美国劳工部修订了《雇员退休收入保障法案》，明确了许可范围内养老金的投资方向，养老金首次被允许对相对高风险的

"其他资产"进行小额投资（不超过总资产的10%）。此后，风险资本继续保持飞速增长，1980—1994年其投资额增加了几乎20倍。一个看起来不起眼的政策调整却成了整个行业迅速扩张的主要催化剂。[①]

自2000年成立以来，全国社保基金已走过了20个春秋。作为中国重要的战略储备，社保基金一直因其特殊的背景而被称为"国家队"，一举一动都是业内关注的焦点。全国社保基金原副理事长王忠民回忆历史时说："我们做的是母基金，我们只投基金，这样的机构在中国是非常少的，所以我们得到了'最寂寞的LP'的称呼。"

2008年国务院允许全国社保基金、国家开发银行等特定的知名大型国有存款机构作为LP，将至多10%的资产投资于人民币私募基金。两年后，保监会允许保险公司将5%以内的总资产投资于私募基金。这一政府精心设计的起步方式是"中国特色"私募行业的经典案例。到2011年3月，全国社保基金已经投资了中比基金、渤海产业基金、联想投资基金等9只由7家管理人发起设立的股权基金，承诺投资总额达156.55亿元。

除了投资GP，全国社保基金还在积极尝试投资母基金，并且已经投资了元禾母基金等机构。对于投资母基金的初衷，王忠民认为："新经济、新商业模式、新技术层出不穷，变化太快了，社保基金也不一定能完全适应。像我们这种超大型LP就应该选择合适的母基金，通过它们来把握细分、专业的机会，把自己解放出来，在不付出高额成本的前提条件下获得稳定回报。"

---

① [美]罗杰·利兹，纳迪亚·萨特莫西. 私募崛起：价值创造的另一片蓝海[M]. 韩复龄，译. 北京：机械工业出版社，2017:39.

百花争艳香满园

2010 年，姜明明从华兴资本辞职，与同事张洋、秦晓娟一起创业成立了盛世投资。在华兴的经历，让他们一起接触到中国的 LP 市场，同时也看到了中国 LP 市场的巨大潜力和价值。虽然那时国内创投市场如果做 GP，人民币基金募集相对容易，但是他们决定挑战自己，做母基金。

当时的政府引导基金大多由政府部门主管，有些地方通过国资的投资平台来管，但基本也都是国有出资、国有管理的体系。而政府出资、管理、投资的模式存在投资效率低下、激励问题难以解决等缺陷。姜明明意识到，政府引导基金的外包服务是一个不错的发展方向。

作为国内首个受托管理政府引导母基金的民营机构，盛世投资这种模式在当时是极大的创新，不仅帮助政府克服了自投自管式引导基金的弊病，提升了放大比率，而且能够引入全国乃至全球资源，避免资源错配，提高了引导基金的投资效率。

但要说服政府部门将资金交给成立不久的民营机构，并非易事，况且当时市场对母基金缺乏了解。为了说服地方政府，盛世投资的团队跑遍全国，进行深入研究，把握地方政府的产业诉求、利益诉求和阶段诉求。

关于如何说服政府将引导基金交给盛世管理，姜明明曾经在接受媒体采访时，给出了 3 个令政府难以拒绝的合作理由：

一是放大政府出资，盛世会协助其申请一些国家配套资金，争取一些项目和基金的落地，并引进金融和社会资本，使其花一块钱，可能办三块钱的事，真正起到引导作用；

二是盛世能够站在整个产业链的最上游，在全国寻找与地方产业契合的基金和项目，以母基金为平台，调动子基金的资源，推动地方产业转型升级；

三是盛世投资具有独立性，不依附于任何大财团或金融企业集团，也就不会出现倾向性和利益输送等问题。

与盛世投资的民营背景不同，紫荆资本于 2012 年在原清华控股投资部的基础上更名并组建，从清华控股的一个的业务部门，成功转型为一家独立的市场化机构，并逐渐发展成为国内专注于早中期 VC 基金投资的母基金管理机构。

贴着"清华系"标签的紫荆资本，在成立之初有几个鲜明的特点：首先在定位上，它是专注于行业型基金投资的母基金。紫荆资本是第一个内部按照行业分组的母基金，而这种分组方式之前在直投基金中更为常见。其次在阶段上，是专注于早中期的母基金，这在当时的市场上也不多见。最后在运作模式上，是以完全市场化为基金定位，以服务更大的紫荆生态圈为宗旨。

在这个时期，还有两家三方财富背景的母基金横空出世——歌斐资产和宜信财富私募股权母基金。

歌斐资产成立于 2010 年，是诺亚财富集团旗下专业的资产管理平台，以母基金为产品主线，业务范围涵盖私募股权投资、房地产基金投资、公开市场投资、机构渠道业务、家族财富及全权委托业务等多元化领域。截至 2019 年第四季度，歌斐资产管理规模已达 1700 多亿人民币。

　　宜信财富私募股权母基金成立于 2013 年，是宜信财富旗下的私募股权资产类别业务平台。从成立之初至今，已发行人民币综合母基金、美元综合母基金、并购主题母基金、医疗健康主题母基金、二级私募股权交易母基金等多只母基金。

私募监管之争

　　在中国，很多有历史意义的事件都可以追溯到某个文件，创业投资也是这样。1985 年，中共中央在《关于科学技术体制改革的决定》中指出：对于变化迅速、风险较大的高技术开发工作，可以设立投资机构给予其支持。这给我国风险投资的发展提供了政策上的依据和保证。[①]同年，中国第一家风险投资机构——中国新技术创业投资公司正式成立。

　　然而由于当时的整体商业环境和金融环境尚不成熟，中国的风险投资行业在 1985 至 1997 年这段时间里，发展相对缓慢。

　　1998 年，时任全国政协副主席的成思危，代表民建中央在全国政协会议上提交了《关于加快发展我国风险投资事业的几点意见》，被列入全国政协九届"一号提案"，受到国家高度重视和社会的广泛关注。这一提案对中国的风险投资行业起到了极大的推动作用，整个行业进入了快速发展的时期。

　　但是在 2000 年之前，除了相关政策中偶尔涉及对创业投资的表

①　陈友忠，刘曼红，廖俊霞 . 中国创投 20 年 [M]. 北京：中国发展出版社，2011:5.

述，以及资本市场政策的变化之外，真正触及创业投资的政策法规几乎没有。在中国这样一个"大政府"的国家，创投对于政策的导向是极其敏感的。2005 年 11 月，由发改委等十部委联合发布的《创业投资企业管理暂行办法》（简称《暂行办法》）终于发布，作为中国创业投资企业的"根本大法"，比较全面地规定了创业投资企业从设立、运行、政策扶持到监管的一系列制度。[①]

2005 年的《暂行办法》明确发改委为创业投资企业的备案部门。2011 年，国家发展改革委办公厅发布《关于促进股权投资企业规范发展的通知》，实施 PE 备案制。

由此，在我国私募股权行业的发展实践中，发改委逐渐确立了监管事实，也为后来的行业监管之争埋下了伏笔。

其实早在 1999 年年初，《基金法》就已经被列入全国人大常委会立法计划，并为此成立了立法领导小组、顾问组和工作组。最初的想法是将证券投资基金、风险投资基金和产业投资基金统一在一部法中，但由于三类基金的主管部门本身就没有形成统一意见，因此各方的争议很大。

2000 年 1 月，基金法草案首次公开征求意见，接下来的几年时间里，基金法一直处于围绕不同问题的争议讨论阶段。在 2003 年 10 月的十届全国人大常委会第五次会议上，《证券投资基金法》（简称《基金法》）终获通过，但也留下了很大的遗憾，私募基金被排除在外，只留下公募基金，投资对象只有公开证券。

---

① 陈友忠，刘曼红，廖俊霞.中国创投 20 年 [M]. 北京：中国发展出版社，2011:233.

2007 年，中信证券和中金公司获准试点直投业务，2012 年，证券基金管理公司又获准通过子公司进行股权投资，因此如果把私募基金纳入《基金法》调整范围，监管权有可能将归属于证监会。

2013 年，时任人大财经委副主任委员的吴晓灵在演讲中公开表示，证监会监管 PE，可实现多层次资本市场的监管规则统一："发改委在我国 VC/PE 的最初发展阶段，起到了很好的扶持和促进作用。发改委的改革方向应是更多地来搞好宏观，而减少对小事情的干预。"

此后随着中央编制办公室将私募股权基金的监督管理职责划归证监会，发改委与证监会之间监管权之争终于落下帷幕。

第四章 勃兴：伟大的转折

中国投资行业"长钱革命"的背后，是从个人 LP 时代到机构 LP 时代这样一个大的时代演变，也是我们国家科技和资本结合发展大战略的必然选择。

从个人 LP 时代到机构 LP 时代

海外机构 LP 经历了更长时间的发展，与中国本土 LP 相比，其在基金的管理上更具有经验、更系统化和科学化，并且养老金、主权财富基金、大学捐赠金等大型机构 LP 占据了几乎半壁江山，头部效应非常明显，比如体量巨大的加拿大养老基金、魁北克储蓄投资集团、加州公务员退休基金、安大略省教师养老金计划等。

我国投资机构的资金来源长期以来一直以个人 LP 为主，缺乏养老金、捐赠基金、保险等长线资本的支持，和长达 8~10 年的股权投资存在期限风险错配。达晨创投的执行合伙人、总裁肖兵曾对媒体生动地形容过这些个人 LP 的普遍心态："当股市好房地产好的时候，他们对 PE 的投资也积极；当股市不好房地产不好、整个宏观经济不好时，他们对什么都悲观，都想再看看。"

2014 年 A 股 IPO（首次公开募股）恢复，新一轮国资混改极大激发了私募股权基金的热情，母基金机构也快速涌现，数量增加，机构类型得以丰富。

清科私募通数据显示，从 2014 年年底到 2017 年年底，中国股权投资市场上 LP 整体数量从 13215 家增长到 21953 家，增幅达 66%。其中，个人 LP 数量同期增长 1762 家，增幅仅为 25%。从数量上看，个人 LP 群体的增速已经在下降，随着越来越庞大的政府引导基金和金融机构资金的入场，个人资金在其中的占比也显得越来越小。

同时中国投资机构的"马太效应"越来越明显，有不少机构都在逐步扩大机构 LP 的占比，逐渐实现 LP 机构化。机构 LP 的纷纷入场导致相对资金量较低的个人 LP 可获得的份额或将受到一定冲击，有的头部投资机构甚至规定，个人 LP 的单笔投资金额要在 6000 万元以上，而且是一次付清，不接受分期付款。

机构 LP 和个人 LP 主要有三大不同：首先是机构 LP 的资金实力比个人 LP 雄厚，一个亿以上的投资比比皆是；其次是机构 LP 的风险承受能力更强，很少出现个人 LP "举牌堵门"的现象；最后是机构 LP 的专业性更强，投资决策更加科学，风控更加有效，很少像个人 LP 一样容易受感情影响。

随着双创大潮的来临，几万亿政府引导基金的洪流涌入市场，壮大了中国机构 LP 的投资体量，中国私募股权 20 多年历史上一个大的转折开始了——从个人 LP 时代到机构 LP 时代。

中国投资机构 LP 结构逐步机构化之后，带来了 3 个重要变化：

第一个重要变化就是推动了投资的长期化。2005 年之前很多人民币基金的期限是 5+2 年，甚至 3+2 年，但是现在逐步转向 8+2 年，甚至更长时间，比如北京科创基金投资原始创新的子基金存续期最长可达 15 年。

第二个重要变化就是母基金对行业的价值凸显出来。前海母基金首席执行合伙人靳海涛认为，母基金可以通过为行业输入效率和秩序的方式来解决行业问题，减少鱼龙混杂的局面。

在为行业输入效率方面，母基金是双重分散风险，一支正常运作的股权投资基金一定会通过分散投资来实现低风险、中高收益。母基金由于双重分散，就变成了极低风险、中高收益。母基金专业化和系统性的投资能力更强，可以在赛道和阶段上做一个错配，达到一个"共轭效应"，可以弥补遗漏"小而美"基金的缺陷。

在为行业输入秩序方面，母基金首先是可以净化底层的"土壤"，能够助力多层次资本市场形成合格机构投资人队伍。其次是市场约束代替政府的微观管理。再次是产业的"和弦效应"。通过母基金的引领作用，能够吸引和聚集社会资本，促使不同性质的资本更加协同，形成合力，更好地支持创新企业。最后是"金鱼缸"的效应，可以提高行业透明度。

第三个重要变化是推动了 GP 的规范化。个人 LP 时代，由于个人 LP 对 GP 的要求和与 GP 的关系本身就有很多不规范之处，所以很难推动 GP 的规范化，但当一个行业里大多数都是专业机构投资人之后，

LP 的机构化反过来会推动 GP 的规范化。更专业的机构 LP 势必会对他们的 GP 提出更高的专业性要求。

双创时代：潮水的方向

2014 年 9 月，李克强总理在夏季达沃斯论坛上提出，要在 960 万平方公里土地上掀起"大众创业""草根创业"的新浪潮，形成"万众创新""人人创新"的新势态。此后，他在首届世界互联网大会、国务院常务会议和 2015 年《政府工作报告》等场合中频频阐释这一关键词，此次神州大地上掀起了轰轰烈烈的"双创"大潮。

中国富有的个人或家庭，虽然在投资房地产和消费上早就超过了美国的富豪，但是很少有人会去做天使投资人。这样一来，刚毕业的大学生想创业，很难得到风险投资或者天使投资的帮助。同时，在中国注册一个公司比在美国麻烦得多，即使注册下来，伺候众多"婆婆"（各级主管）也要消耗巨大的精力，刚刚创业的年轻人被迫"不务正业"，要花很大精力搞定这些业务以外的事情。这样，大部分大学生也就"知难而退"，毕业后进入收入稳定的大公司打工。[①]

对于 2014 年国家开始推动的"双创"，亚杰商会会长徐井宏一直是持赞赏的态度。他曾在接受媒体采访时感慨地说："中国经济要从过去的资源要素和投资驱动，真正转型为创新驱动，需要拥有创新创业的精神与文化。'双创'极大地推动了这种精神和文化，让创新创业融

---

① 吴军. 浪潮之巅（第三版·上册）[M]. 北京：人民邮电出版社，2015:367.

入民族精神之中。当一代中国年轻人从这种创新创业文化和精神中成长起来，能够勇敢坦然地面对，无论是创业的成功，还是遇到的失败挫折，这对年轻创业者未来的人生和事业都有巨大的益处，这就是我们最宝贵的财富。"

小村资本成立于 2007 年，亦是中国最早的家族资产管理办公室、最早以市场化运作的母基金管理机构。在小村资本董事长冯华伟看来，最近几年国家鼓励双创，成功者虽是少数，但是它解决了两个方面的问题：一是让沉淀到机关科研院所等领域的优秀人才进入市场领域，释放出来一些生产力；二是让创新商业化这一理念更容易被接受，让创业这件事更加为社会所接受。一言以蔽之，这是"又一次市场经济的思想解放"。

中国人民勤劳、勇敢、智慧，但是只靠这些，一个国家、一个产业不可能走向真正的高端。从底层走到最高端，勤劳、勇敢、智慧并非充分条件。唯一的方法，就是创新。在美国 100 多年的产业创新中，金融为创新提供了充足的"燃料"。[①]

"双创"大潮也为中国的创新带来了急需的资本"燃料"。要真正推动中国经济转型，促进"双创"发展，就必须逐步用"长钱"替换"短钱"，而方法之一就是出台相关政策，大力发展政府引导基金等机构 LP。在"双创"大潮的带动下，2015 年至今，政府引导基金在全国各地呈现爆发式增长。

2015 年 1 月，国务院常务会议决定设立总规模达 400 亿元的国家

---

① 陈雨露，杨栋 . 世界是部金融史 [M]. 南昌：江西教育出版社，2016:313.

新兴产业创业投资引导基金，助力创业创新和产业升级。在国家政策的积极推动下，各个地方政府陆续出台相关政策并成立了专项基金，基金发展得如火如荼。同年 9 月，国务院常务会议决定，中央财政将通过整合资金出资 150 亿元，吸引民营和国有企业、金融机构、地方政府等共同参与国家中小企业发展基金。中国将设立总规模为 600 亿元的国家中小企业发展基金，用市场化的办法，重点支持种子期、初创期、成长型中小企业发展。

"双创"及后续"新基建"大潮，将中国不断推向科技创新的历史洪流，也为中国的机构 LP 市场，带来了几万亿人民币的"燃料"。这大大加快了中国从个人 LP 时代到机构 LP 时代转变的步伐。

专业化发展的"元年"

中国母基金行业低调前行了十几年之后，终于在 2017 年迎来了它专业化发展的"元年"，这一年发生的三件具有历史意义的大事件，标志着中国母基金行业迎来了一个新的发展时期。

首先是母基金专业委员会的成立。2017 年 9 月，中国证券投资基金业协会成立母基金专业委员会，主要目标是汇聚行业智慧和资源，打造母基金领域的专业智库，推动母基金行业的规范健康可持续发展。委员会共 19 人，其中来自国内外知名私募股权母基金的高管及相关金融机构的母基金业务负责人员 18 人，专家顾问 1 人。委员均为市场化母基金、政府引导基金、社保基金、保险资金、银行资金等相关领域代表，由全国社会保障基金理事会原副理事长王忠民担任主席。

其次是资管新规的推出。2017 年 2 月，中国人民银行会同中央编办、法制办、银监会、保监会、证监会、外汇局成立"统一资产管理产品标准规制"工作小组，起草了《关于规范金融机构资产管理业务的指导意见（内审稿）》。同年 11 月，中国人民银行、银监会、保监会、证监会联合发布《关于规范金融机构资产管理业务指导意见（征求意见稿）》，标志着中国金融业步入严格监管的新时期。资管新规的推出，彻底终结了 GP 募资的宽松环境，专业机构 LP 的重要性凸显，促进了中国母基金行业向专业化的演进。

最后是母基金专业研究的发展。2017 年年初，路跃兵、杨幸鑫所著新书《私募股权 LP：配置策略、投资实践与管理之道》出版，这是中国第一本系统性研究私募股权 LP 的著作。同年年底，《中国母基金实践指引白皮书》发布。这本白皮书由中国股权投资基金协会联合国内知名母基金以及专业研究力量发起编写，第一次大规模组织访谈了北京、上海、深圳等全国各地 22 家母基金掌舵人和高管，深入业内，揭示了他们管理母基金的核心思路和实践经验。

第五章 挑战：当音乐停止之后

"当音乐停止，一切会变得复杂。但是音乐仍在演奏，你必须起身舞蹈。我们仍然在跳舞。"——这是 2007 年 7 月 8 日，花旗集团首席执行官留下的一段话。它或许是整个金融危机中最有名的引述。然而就在一个月以后，音乐和舞蹈突然停止了。①

金融巨头们深信，他们创造的不仅仅是利润，更是一种放之四海而皆准的新金融模式。2007 年夏天，花旗集团总设计师桑迪·韦尔说："全世界都将朝着以自由企业和资本市场为特色的美国模式前进。对那些要向市场经济转型的国家来说，没有美国金融机构的存在是很遗憾的，因为它们将在这些国家的经济转型过程中发挥相当重要的作用。"②

但仅仅一年多之后，美国系统性金融危机爆发，五大主要投行无一幸免：贝尔斯登被摩根大通收购；美林证券成为美国银行旗下机构；

---

① ［美］艾伦·布林德.当音乐停止之后 [M].巴曙松，徐小乐，等译.北京：中国人民大学出版社，2014:1.
② ［美］安德鲁·罗斯·索尔金.大而不倒 [M].巴曙松，陈剑，等译.成都：四川人民出版社，2018:4.

雷曼兄弟宣布破产；摩根士丹利和高盛则采用了商业银行章程，接受来自银行监管部门更为严格的监督。^① 金融危机之后，被债务压垮的企业要想重新站起来，第一件事就是清理债务，也就是"去杠杆化"。^②

而中国经济的下半场调整也终将到来，意味着房地产去泡沫、非金融部门和金融部门去杠杆，经济增长将在一段时间面临下行压力，但经济结构将得以改善。未来中国金融周期下半场的调整有多深，还取决于更深层次的变革。^③

2018 年 10 月 17 日晚，中国金融博物馆理事长王巍，邀请了央行前行长周小川和美国前财长保尔森，一起在朝阳公园的金融博物馆里复盘十几年前危机的应对过程。尽管当时中美贸易激战正酣，但两位当年金融体系主导者的反思，仍然引起了在场超过 300 位金融领袖的热烈讨论。^④

今天，一些人仍将私募股权看作躲在暗处的恶魔，因此今后的几年对于整个私募行业的发展和投资环境都很重要。私募股权必须茁壮成长，必须证明自己是促进经济发展的重要力量。^⑤

---

① [美] 约翰·S. 戈登. 伟大的博弈：华尔街金融帝国的崛起 [M]. 祁斌，编译. 北京：中信出版社，2019:562.
② 朱晓明，[西] 佩德罗·雷诺. 中欧名师讲坛录 [M]. 北京：机械工业出版社，2014:154.
③ 彭文生. 渐行渐近的金融周期 [M]. 北京：中信出版社，2017:349.
④ [美] 塞巴斯蒂安·马拉比. 格林斯潘传 [M]. 巴曙松，陈剑，张悦，译. 杭州：浙江人民出版社，2019：推荐序.
⑤ [美] 贝努瓦·列勒瑟斯，汉斯·范·塞维，埃斯梅拉达·梅加里. 私募股权 4.0：从"另类"到"主流"的投资指南 [M]. 陈丽芳，蔡笑，译. 北京：机械工业出版社，2018:22.

金融大监管时代

在中国这样迅速发展的资产管理市场上，监管规则和监管框架的变化，往往意味着政策导向的变化、游戏规则的变化，这些变化对于行业的影响也会是非常深远的。[①]

1997年国务院证券委员会发布了《证券投资基金管理暂行办法》，揭开了我国资产管理行业发展的序幕。

2002年中国人民银行颁布了《信托投资公司资金信托管理暂行办法》，自此开启了多种金融机构共同参与的资产管理市场发展进程。2003年证监会发布《证券公司客户资产管理业务试行办法》，推动了证券公司资管业务的有序规范发展。同年，中国人保资产管理股份有限公司成立，开创了我国保险资金专业化运作的先例。

从2004年第一个银行理财产品发行以来，中国的资产管理行业就进入了一个爆炸式的增长期，银行、证券、基金、期货、保险等多种理财产品喷涌而出，甚至于非金融企业也纷纷参与其中，规模不断扩大，截至2016年年末，中国资产管理市场已经逾百万亿元。

2012年10月，证监会发布《证券公司定向资产管理业务实施细则》，打开了证券行业做银行通道业务的大门。由于券商初期没有相关的监管要求，且费用低廉，证券行业通道规模迅速壮大。此后，通道业务的受托人逐步从信托扩展至券商、保险、基金子公司，甚至新兴的有限合伙私募基金，但委托人也即金主都是银行资金。在此期间中

[①] 巴曙，杨倞，等 . 2018年中国资产管理行业发展报告：新旧监管体系转换中的资产管理行业转型 [M]. 成都：四川人民出版社，2018: 序言 .

国资产管理业在较短的时间内实现了野蛮生长。

2017 年 7 月，国务院金融稳定发展委员会成立，负责协调货币政策与金融监管相关事项。这意味着中国金融大监管时代的来临。同年 11 月，中国人民银行、银监会、证监会、保监会、外汇局出台《关于规范金融机构资产管理业务的指导意见（征求意见稿）》（简称《指导意见》）。

意见稿里的资管产品统一监管框架，覆盖了信托、银行、保险、基金子公司等金融机构发起的全部资管产品，分类型统一了监管标准，旨在消除监管套利、实施穿透式监管、消除多层嵌套等，充分体现了不留监管死角的强监管理念，系统性和监管力度均超过市场预期。

这一意见稿被称为史上最严的资产管理意见，从始至终贯彻了"金融大监管"的理念。它的出台，既意味着金融业"吃着火锅唱着歌"的时代已经一去不复返，更意味着资产管理将结束规模大跃进时代，步入质量提升"新时代"。

对《指导意见》的解读各有不同，比较主流的一种观点是，其核心内容就是在资产管理业开展供给侧结构性改革。这与宏观经济领域开展的供给侧结构性改革具有神似之处，只不过前者的目标是消除资产管理领域的诸多乱象，防范和控制金融风险，后者的目标是提高供给体系的质量和效率，化解宏观经济的突出矛盾和问题，培育经济增长新动能。

在中国金融发展史上，2018 年可以说是中国资产管理业进入规范发展阶段的元年，规范发展、稳健发展成为主基调。岁末年初，银监会出手规范银信合作通道、整顿委托贷款；紧跟着，证监会叫停券商、基金及其子公司等各类资管计划投向信托贷款的产品备案。同年 4 月，中国人民银行、银保监会、证监会、外管局联合印发《关于规范金融机构资产管理业务的指导意见》，统一了监管框架和标准，重塑了资管行业的生态和竞争格局，开启了资管行业的新纪元。

被误伤的十万亿

随着国家经济的发展、人民收入的提高及家庭财富的快速积累，我国资产管理市场也在过去近 20 年时间内迅猛扩张，包括银行理财、公募基金、券商资管、保险、信托及私募等财富管理机构向投资者提供了大量产品，"大资管"整体市场规模突破百万亿元。

"资管新规"发布之后，私募股权行业内有一种观点认为，新规主要是针对中国百万亿元的"大资管"，而私募股权行业这十万亿，属于"被误伤"的对象。不管是不是"被误伤"，不可否认的是，2018 年之后中国母基金行业发展面临了一些问题。

前海母基金首席执行合伙人靳海涛，曾任深圳市创新投资集团有限公司董事长、深圳市创业投资同业公会会长、深圳市私募基金协会会长、中国投资协会创业投资专业委员会联席会长、国家科技部科技经济专家委员会专家等。他在母基金行业摸爬滚打了十几年后，总结了五大难题：

一是人才不足；

二是重复收费的模式不被投资人普遍接受；

三是部分投资者的短视导致母基金很难坚持长期投资；

四是部分出资人的返投要求，与所投母基金的最优配置不一致；

五是募资难，市场化母基金的募资比直投基金更难。

此外，私募股权行业发展面临的另一个大难题是税率。2018年开始，各地方政府过去普遍实行的对有限合伙制基金征20%所得税的政策，在国税总局的检查工作中被认定为违反了相关规定，应当纠正。这意味着，创投基金今后将必须按照个体工商户的标准征收累进税，最高税率为35%。更严重的是，基金过去历年的税收也需按新标准追缴，一些过去几年业绩较好、退出金额较大的基金，有可能需要补缴的税收达数亿元。一时间，私募股权行业的税率问题引起了全行业和国家监管部门的关注。

靳海涛认为："其实国家给VC、PE机构都有一系列的优惠政策，但是母基金现在还基本上没有惠及。另外，有限合伙也有重复纳税的问题，我们没有相关的法律解决这个由于新生事物所带来的一些变化。这些都是监管部门应该认真去考虑和总结的问题。"

2018年12月12日，国务院总理李克强主持召开国务院常务会议，决定实施所得税优惠政策促进创业投资发展，加大对创业创新支持力度。会议决定，从2019年1月1日起，对依法备案的创投企业，可选择按单一投资基金核算，其个人合伙人从该基金取得的股权转让和股息红利所得，按20%税率缴纳个人所得税；或选择按创投企业年度所得整体核算，其个人合伙人从企业所得，按5%~35%超额累进税率计算个人所得税。上述政策实施期限暂定5年，目的是使创投企业个人合伙人税负有所下降，只减不增。

对此，中国基金业协会表示，国务院常务会议对创投缴税的政策是基金行业顶层制度安排的重大举措，意义深远。特别是会议指出，对依法备案的创投企业，可选择按单一投资"基金"核算，按 20% 税率缴纳个人所得税。基金可作为核算单位，而不仅是按单一项目计税，明确基金收入性质是股息、红利和项目转让收益，而不是经营性收入。

其实"税率之争"一直是国内外私募股权行业共同面临的敏感问题。2011 年 11 月，占领华尔街运动达到高潮，私募股权基金成为美国全国范围声讨浪潮中的众矢之的，这是风险投资行业有史以来从未有过的。

2012 年年初，有关税收问题的持续争论，让曾在私募基金工作的共和党总统候选人罗姆尼成为讨伐对象，罗姆尼家族创建的贝恩资本（Bain Capital），管理着约 1000 亿美元的资产。在总统选举年，私募股权基金的所得税问题被放到放大镜下进行讨论，以致其成为一场有关收入不均和阶级悬殊的广泛讨论的导火索。这个问题的最终答案与私募股权基金的基本商业模式紧密相关：对于私募股权行业的优秀玩家来说，如何给予他们合适的报酬激励？

回答这个问题需要追溯到几十年前私募股权行业的婴儿期。一家典型的私募股权基金与有限合伙人对于投资收益的分成遵循"2 : 20 原则"，在大多数投资项目中，这项原则可以有效激励投资经理为投资人创造收益。每年 2% 的管理费用来支付各种日常费用，而 20% 的附带权益才是真正的收益来源，这意味着你可以买进一栋又一栋的别墅和一架又一架的私人飞机，这还意味着你可以捐赠大笔财富给母校或者某个音乐厅来名垂青史。这就是抗议者以及奥巴马内阁的部分官员所称的税务制度漏洞：附带权益被看作投资收入，因此按照资本收益税率计税，在 2012 年这个数字是 15%，相比之下最高的个人所得税率大约是 35%。①

如何通过税收政策，调动私募股权行业投入资金，增强对创新创业的支持，同时又兼顾公平和社会情绪，是一项非常考验智慧的艺术；同时一些媒体和投资人也要脚踏实地、实事求是，动辄"万倍收益""千倍回报"的虚假故事就不要再讲了，免得搬起石头砸了自己的脚。

另外，投资行业遭人恨，也跟前些年"PE 热"的后遗症有关系：只要风传某个企业即将上市，不管是创业板还是中小板，各地股权投资机构都会闻风而至，动用各种关系，设法进入这家企业，相互之间还哄抬价格，造成入股价格高企。首批登陆创业板的 28 家企业中，有 11 家在申报材料的前一年内甚至一个月内都有机构和个人突击入股。这种做法和方法不但令企业为难，而且会引起地方政府和社会公众的不满，认为其带有很大的投机性，甚至有腐败之嫌。②

在国外，私募巨头 KKR 等"门口的野蛮人"一度声名狼藉。为了能提高被收购公司的经济价值，几乎任何节约措施——包括关闭工厂、解雇工人或整体卖掉某个业务部门都饱受赞誉，只要能为公司的新主人们赚到钱就是好样的。在一家 KKR 收购的公司中，提高生产力的改革运动过于极端，一名低级别的经理竟然同时担负 5 个不同类型的全职工作。被收购公司的效率成了传奇。③

① [美] 贾森·凯利. 私募帝国：全球 PE 巨头统治世界的真相 [M]. 唐京燕，译. 北京：机械工业出版社，2018:195 –196.
② 阚治东. 创投家笔记（1999–2019）[M]. 北京：社会科学文献出版社，2020:161.
③ [美] 乔治·安德斯. 门口的野蛮人Ⅱ：KKR 与资本暴利的崛起 [M]. 胡震晨，译. 北京：机械工业出版社，2018:9.

总之，国家有关部门应该全面地看待投资的性质和价值，理性地看待创投投资的风险和收益，公平地对待实体经济、创业投资机构和创新金融机构以及传统金融之间的关系。在适当的时机下放宽银行、保险机构、社保基金、国有企业和上市公司，以及小投资人对创投机构出资的限制，给予创业投资机构及其管理人员与高新技术企业一样的所得税优惠政策。

投资机构生死劫

私募股权投资行业正在经历一个大浪淘沙的过程，这个过程是艰辛的，也是必要的。强者愈强的"马太效应"在私募股权投资行业也开始逐步显现。总资产过万亿的万科在2018年的秋季例会上，喊出了"活下去"口号，而这与一些投资机构的目标不谋而合。2018年10月，达晨财智总裁肖冰在"年度经济论坛"上直言最高目标是一直活下去。

2018年的投资机构有多穷？穷到连投资公司负责接待的前台职员都出来募资、GP给LP下跪这样的离奇情节，居然也有不少人相信。很多投资机构都想知道的是：这次资本寒冬持续的时间到底有多长。而最糟糕的情况莫过于，你以为最艰难的时刻已经过去，其实一切才刚刚开始。

很多母基金管理人认为，现在还没到行业最低谷的时期。全球最大对冲基金桥水的创始人达利欧认为，现在的金融市场和世界环境都和20世纪30年代世界经济大萧条时期的相似。著名经济学家管清友的观点是："这次资本寒冬，乐观一点讲是3到5年的周期，悲观一点讲可能是一个 5 到 10 年的周期，因此现在其实已经不是在穿越周期了，是适应周期。"

过去这两年，很多迷茫不适的 PE/VC 们纷纷转行，去处大致有这么几种：

第一种，FA（财务顾问）。投资赚取 Carry（业绩报酬）的链条太长也太熬人，不如直接介入交易赚中介费来得简单粗暴。美国一位知名投资人回国做 FA，只接 5000 万元以上的项目，一年时间做成了十几单，不时在朋友圈看到她成单的好消息，收入秒杀绝大多数投资人。另外很多 VC 平时跟 FA 机构就很熟悉，个别人甚至接受 FA 机构行贿而影响项目立项、尽调的日程安排及投资决策的独立性，转行 FA 也就"水到渠成"了。

第二种，投后。很多投资机构越来越像孵化器，转型做基金注册、政府补贴申请、财税规划甚至品牌和人力资源等服务行业。

第三种，区块链。一些在传统投资机构里发展并不顺利的人去了区块链，最后不少人后悔进入币圈。

第四种，自己创业或者跳槽到创业公司。有创业做自媒体的、开健身房的、卖二手奢侈品的、卖酸奶的、卖保险的，还有转战抖音当网红的……

2019 年是中国创投 20 年，也是投资机构两极分化的一年：头部著名基金像黑洞一样不断吸聚 LP 资源，而有的投资机构已经全员放假，不再看项目；有的投资机构开始裁员，直接劝退没有补偿金；有的投资机构业绩零回报，"第一期就是最后一期"；甚至有位一线机构的大佬独立出来做基金，摇旗呐喊了几个月，募不到钱队伍直接散伙。

最惨的不是机构而是个人：某投资机构总监一年前去商学院读MBA（工商管理硕士），机构提出可以报销学费，前提条件是毕业3年内不离职，总监不爽，于是贷款几十万元自费上学，被裁后悔不迭；某世界500强VP（副总裁）跳槽到某基金机构任CEO，不到半年机构对外欠款上亿，CEO第一个被裁。

在2016年的"投资圈真理大论战"中，两方虽然观点不同却都带着投资人的优越感，至少离开也是主动的潇洒转身，而这一轮募资寒冬对投资从业者冲击最大的是被动的降薪、裁员甚至失业，那些从前只在创业者脸上的慌张、焦虑与迷茫，第一次蔓延到了年轻投资人身上，这种巨大的心理落差和冲击感是他们此前从不曾经历的。

很多投资机构正从三元桥到国贸一线高级写字楼中的豪华办公室，搬到租金便宜的共享办公空间，大家只好一边以"更靠近项目、更接地气"来自我安慰，一边摇头感慨厕所里连卫生纸都没有。

玄幻小说里，修仙的人每上升一个层级，就需要渡劫一次：渡劫成功，收获巨大；渡劫失败，打回原形，元气大伤。这次募资寒冬对机构和投资人来说，也是一次检验自己和浴火重生的机会。不管投资人的理解力有多强，或者跟创业者有多熟悉，只有当自己创业的时候，才会对创业这个词有新的体会。

曾经有投资人朋友问我，到底什么是"心力"，为什么创业者必须是一个心力强大的人？当这位投资人朋友创业一年，经历了诸多的折磨并且大病一场之后，她给我发来了一句话：外物无所获，心力胜从前。

360投资部前总监、缘创派联合创始人王翌写过一篇长文记录他的创业成长史，其中有句话让人印象深刻："其实每个风险投资人也都是正常人，别包装起来，没意义。好的风险投资人，也只是相对来说在自己的策略面上赌对了几个超高回报率的项目而已。"

投资圈新媒体"42章经"创始人曲凯也总结了从投资人到创业者在思维和感受上的10条变化，其中一条是："睡觉是世界上最浪费时间的事情，而且创业的焦虑真的会让人难以入睡，很多时候身体和大脑都进入了一种惯性的运转状态。投资人面对未知的项目前景也会焦虑，但区别是，投资人的鸡蛋在不同的篮子里，而创业者的所有鸡蛋都在一个篮子里。"

2018年，不仅创业的黄金时代结束了，投资机构的黄金时代也结束了。

达晨财智董事长刘昼认为，中国投资行业没有"二八格局"，甚至"一九格局"都难出现，实际情况可能会是"0.5与9.5"格局——仅有5%的基金活得较好，挣到95%的钱。在清科集团创始人倪正东眼里，中国1万多家GP，真正值得长期投资的不超过100家。

经纬中国创始管理合伙人张颖在接受采访时跟我分享："要想做一个长期卓越的投资机构，一定要有清晰的判断和扣扳机的胆识，要想清楚坚持做自己擅长的事，所以经纬在大天使和A轮频繁地扣扳机，如果我们团队去做早期以外的事，既花时间又会丧失早期这个阵地。"

这一个募资寒冬期，将使站在中国创投20年十字路口的投资机构，走向两条完全不同的道路。

第一条路，向左走，聚焦再聚焦。未来能够生存的GP，一定是极其聚焦细分的，聚焦到以前都不可想象的细分领域，比如从教育行业就会分出很多的种类，会演化出几类基金。一些细分领域如医药、新材料等，由于存在较高的认知壁垒，资源只掌握在少数"专家投资人"手中，因此形成了很多小而美的专业子基金。比如睿盟希资本，就是一支聚焦眼科和视光的垂直主题基金。

第二条路，向右走，规模化。2017 年 5 月，软银愿景基金宣布，首轮募集资金已超过 930 亿美元。孙正义说："人生只有一次，我希望高瞻远瞩，不想小赌怡情。"不想小赌怡情的中国投资机构也不少。2018 年 9 月，高瓴资本集团宣布，已完成一只规模为 106 亿美元新基金的募资工作，创下了亚洲私募股权投资公司募资规模之最。很多 GP 在平台化发展了之后，也成立了自己的母基金部门，红杉、IDG、深创投、雷石、洪泰等纷纷入局 FOF。

达利欧推崇进化论，并用以指导桥水基金的投资，其实创投机构的进化脚步从未停歇。500 Startups 创始人戴夫·麦克卢尔（Dave McClure）几年前写过一篇关于 VC"进化"的文章，他认为风险投资机构正经历着一场"进化"，而"进化"的结果应该包括以下 3 个方面：

　　1. VC 将分裂成两种：巨型 VC 与微型 VC。

　　2. VC 投资流程将会标准化。

　　3. VC 将会注重营销自己的投资品牌营销。

我认为，中国 VC 的"进化"将向 3 个方向演进：

第一，专业化。"募、投、管、退"4 个环节中，中国 VC 最需要"进化"的是募资。募资的专业化分为内外两个部分。

内部主要是制定募资战略和把这种战略计划通过专业的 IR

（investor relations，投资者关系管理）部门执行下去，国内 VC 机构普遍缺乏优秀的 IR 人才，不断涌现的黑马基金催生了大量的募资合伙人和 IR 岗位需求，对募资人才的争夺能力已成为 GP 的核心竞争力之一。而在中国创投从个人 LP 时代转向机构 LP 时代的历史背景下，对 IR 的能力要求也跟过去完全不同，IR 将成为"募、投、管、退"全流程的中枢。IR 管理基金的水平，也是机构竞争力和持续募资的潜力体现。

外部主要是和第三方募资代理机构（placement agent）的合作。国外投资机构很多都会选择专业的募资代理机构进行资金募集的合作，而国内受困于基金募资观念的落后和优秀募资代理机构的缺乏，募资还主要依靠自身的 LP 关系。

第二，产业化。CVC（企业风险投资）于 20 世纪初孕育于美国，指的是企业运用自有资金直接投资外部创业公司的投资模式，以 BAT（百度、阿里巴巴、腾讯的简称）为首的 CVC 产业资本，作为一种特殊的创投机构，正在成为中国市场最大的买家。清科集团创始人倪正东感慨："腾讯才是中国创投市场最活跃的机构，超过任何一个天使，超过任何一个创投，超过任何一家 PE，成为中国最大的最活跃的出手最快、钱最多的投资机构。"

富煜亚洲投资总裁如亭佑认为，未来投资产业链一定会发生大的改变，最典型的变化是由"Investor VC"（由金融出身的投资家主导的机构）向"Operator VC"（创办过公司，公司退出后，创始人转换身份进行风险投资的机构）转变。Operator VC，必须具备 4 个条件：一是在产业方面干过一把手，知道如何成功地做决策；二是要懂市场，只懂国内的是不够的，还要懂国际的；三是要懂投资，很多产业出身的人不懂投资，没有投资经验容易踩坑；四是要能够带来行业资源，协助企业发展。

第三，双币化。由于人民币在资本项目上不能自由兑换，所以很多事情必须用双币基金来解决。北极光创投创始人邓锋认为，一线 VC 在中国投资必须有双币基金，因为越来越多的项目退出将通过在中国资本市场上市实现，用美元架构很难做。此外，人民币和美元的双币运作也能缓解募资压力，当募资难开始的时候，募集美元更是成为很多人的希望。

然而从单币基金到双币基金，中间有着很高的门槛，对 GP 也是一个全新的挑战。虽然美元机构转人民币也踩过很多坑，比如"付款"不一次付齐、后续 LP 没钱出资等，但相对来说，美元转人民币比人民币转美元还是要容易得多。

总体而言，人民币转美元主要面临三大挑战：

首先，语言及文化习惯。至少有一半以上的人民币机构"折"在了这一条上，如果核心团队中没有国际背景人才，就挖一个做过美元募资的专业 IR 吧，千万别自己赶鸭子上架。有些中国 GP 在募资材料或者路演现场，上来就大讲中国宏观经济、国资委、发改委、证监会、中基协轮番出场，美元 LP 们一脸迷惑，这是什么……

其次，美元 LP 的关系渠道。从全球范围来看，美元 LP 的类型主要包括主权财富基金、养老基金、捐赠基金、大学基金会、家族办公室、市场化 FOF 等。另外，还有中国人乃至海外华人在海外的美元资产，这是人民币基金的募资优势，一定要关注这个圈子。

最后是 VC 的企业社会责任。很多本土 VC 不重视甚至根本没听说过企业社会责任，但有些美元 LP 却十分关注，而越来越多的国际资本将环境、社会和公司治理，即 ESG，引入投资决策的框架。

对于未来什么样的机构能够生存下来，道合金泽主管合伙人葛琦表示："投资机构短期赚钱靠情绪、中期赚钱靠业绩、长期赚钱靠格局，未来有格局有能力的 VC 一定能够活得很好。"

张颖的回答坚定有力："当大家讲到中美贸易的复杂性、对中国经济不看好、早期项目不被看好时，我都笑一笑，我对中国经济一直是持乐观的态度。创建经纬这 10 年以来我没有花一分钱买房买车，把钱一直放在投资里，放回基金、放回中国，我觉得是值得的。"

第二部分

千面英雄

英雄是我们每个人内心都隐藏着的创造与救赎的神圣形象的象征，古老的神话与当代的观点相去甚远，因为自决的人民的民主理想、电力驱动的机器的出现以及科学研究的方法显著改变了人类生活。尽管如此，神话中的逻辑、英雄和行为在现代依然有生命力，每个人都拥有他自己蕴藏强大能量的梦中的万神殿。①

中国的机构LP，可以主要分为5种类型：公共政策型、金融机构、市场化母基金、产业母基金和家族办公室，另外还有一些"水下"LP，比如高校基金、慈善基金和一些头部GP。每种类型的机构LP，都蕴藏着强大的能量，他们汇聚在一起，组成了母基金行业的"千面英雄"。

---

① [美]约瑟夫·坎贝尔.千面英雄[M].黄珏苹，译.杭州：浙江人民出版社，2016:2，31，346，347.

第六章　双面引导基金

中国的私募股权基金市场从发展初期就存在一个现象，它一方面在进行着旨在发挥市场和私有部门力量的改革，但是另一方面，又有政府在调控着这一市场，一定程度上决定着本土和国外公司投资活动的步伐和方向，如果用一句话来形容就是"中国特色的私募股权基金"。

广义的引导基金是指由政府设立的政策性基金，政府产业引导基金、创业投资引导基金以及科技型中小企业创新基金等都属于引导基金。狭义的引导基金主要是指政府创业投资引导基金。

我国政府引导基金的发展历程主要可以分为5个阶段：

一是探索起步阶段（1984—2004年），其间，第一只政府引导基金成立。1999年8月，上海市政府批准成立了上海创业投资有限公司，并在2000—2001年投资设立具有基金性质的机构，其设立与运作是我国政府出资引导创业投资的最早尝试。

二是逐步试点阶段（2005—2007年），其间，创业投资引导基金管理暂行办法颁布。2005年11月，国务院十部委联合发布《创业投资企业管理暂行办法》，引导基金第一次以法规的形式出现，也确立了其法律地位。2007 年，财政部、科技部制定了《科技型中小企业创业投资引导基金管理暂行办法》，规定科技型中小企业创业投资引导基金专项用于引导创业投资机构向初创期科技型中小企业投资。

三是规范化运作阶段（2008—2010 年），其间，政府引导基金指导意见出台。2008 年 10 月，由发改委、财政部、商务部联合制定的《关于创业投资引导基金规范设立与运作的指导意见》发布，对引导基金的性质与宗旨、设立与资金来源、运作原则与方式、管理、监管与指导及风险控制等进行了要求。各级地方政府设立引导基金终于有了操作指南，这为政府引导基金组织和设立明确了法律基础。

四是全面发展阶段（2011—2013 年），也是支持战略性新兴产业发展的阶段。2011 年 8 月，财政部、发改委制定了《新兴产业创投计划参股创业投资基金管理暂行办法》，对引导基金的投资范围进行了划定，有利于推动地方战略新兴产业的发展以及中小型创业企业的发展，发挥政府资金的杠杆放大作用。

五是积极转型阶段（2014 年至今），即向市场化运作模式转型阶段。与政府引导基金的增长相配套，国家也出台了一系列政策规范基金运作。[①]

清科研究中心在 2019 年 10 月发布的《2019 年中国政府引导基金发展研究报告》显示，截至 2019 上半年，国内共设立政府引导基金 1686 只，基金目标总规模为 10.12 万亿元，已到位资金规模为 4.13 万

---

① 中国股权投资基金协会，北京股权投资基金协会.中国母基金实践指引白皮书（2017 年版）[M].北京：首都经济贸易大学出版社，2017:19-24.

亿元；形式主要以母基金为主，占比达到 47.9%。

根据清科私募通及如是金融研究院的数据，全国目标规模千亿以上的引导基金共 18 只，总目标规模合计 29737 亿元，占总政府引导基金目标规模的 25.62%。千亿级引导基金以省市级为主，其中省级引导基金 5 只，总目标规模 7050 亿元；市级引导基金 6 只，总目标规模 8500 亿元。

千亿级的国家级引导基金共 5 只，总目标规模 9187 亿元，其中 2019 年设立的长江经济带生态基金是迄今为止目标规模最大的引导基金，基金目标规模高达 3000 亿元。区县级千亿以上规模的政府引导基金只有 1 只，是设立在湖北省武汉市的中国光谷母基金，目标规模为 2500 亿元。

一个"弄巧成拙的矛盾体"？

与认为国有私募基金是一个"弄巧成拙的矛盾体"的西方传统观念相反的是，中国政府从一开始就在发展私募行业上起着重要作用，它不仅仅是管理者和政策制定者，还是基金管理人和有限合伙人。[①]

但政府引导基金也存在一些争议，某位著名学者认为："政府的投资或者政府的 PE 对创新的作用也有限。政府投资基金和私人投资不一样，我们没有办法保证政府投资基金的钱真正投资于值得投资的项目，因为花钱的人的利益与投资亏不亏没多大的关系。因此无论叫政

① [美] 罗杰·利兹，纳迪亚·萨特莫西.私募崛起：价值创造的另一片蓝海 [M].韩复龄，译.北京：机械工业出版社，2017:129，138.

府引导资金还是创业基金，最后一定是没有效率的。"

其实如果认为政府引导基金中花钱的人的利益，与投资亏不亏没多大关系，是一个非常的大的错误，因为现在很多的政府引导基金，都是由专业的投资机构来托管的，比如盛世投资就是这种模式的开创者，把政府的资金和投资机构的专业性很好地结合在一起，产生了巨大的价值，推动了中国创新创业的快速发展。

我们把视线转向以色列，看一下它的"政府引导基金"是怎样助力创业的。为什么选择以色列来研究？因为尽管它只是一个仅有 700 多万人口、没有自然资源的国家，却产生了如此多的新兴公司，甚至比中国、日本、英国等国家都多。早在 2008 年，以色列的人均风险投资就已经是美国的 2.5 倍、欧洲国家的 30 余倍、中国的 80 倍、印度的 350 倍。

YOZMA，在希伯来语中的意思是"首创"。以色列 YOZMA 基金是世界公认的十分成功的政府性创业投资引导基金，其成功运用了母基金的组织形式、正面的激励机制和对国际资本引资安排上的设计。1992 年，以色列工贸部前首席科学家 Yigal Erlich 向政府提出申请拨款 1 亿美元，设立了 YOZMA 集团（国有独资公司），组建了以色列第一只政府创业引导基金，YOZMA 计划因此而生。

YOZMA 基金中，20% 进行直接投资，另外 80% 与社会资本共同发起 10 只创业投资基金，其中 YOZMA 每只占比不超过 40%，而其他资金则通过引进社会资本特别是以色列以外的机构投资者，来支持创新企业的发展。在基金运作上，虽然 YOZMA 有政府资金引导，但采用的仍是市场化模式。政府只划定基金投资方向而不参与基金的日常运作，并给予社会资本一定的选择权和政府资本退出的承诺。

YOZMA 计划的思路是这样的：政府借钱给你投资，如果失败了，你一分钱也不用还给政府；如果你赚了大笔的钱，只需要把最初的投资再加上每年的利息还给政府。1992—1997 年，YOZMA 创建的基金在政府的资助下筹集到了 2 亿多美元。今天，YOZMA 基金拥有大约 30 亿美元的资金，为数百家以色列新成立的公司提供资金支持。很快，世界其他国家都注意到了 YOZMA 的成功，来自日本、韩国、加拿大、爱尔兰、澳大利亚、新西兰、新加坡和俄罗斯的政府人员，都想来以色列拜会一下 YOZMA 的创始人。[①]

我国法律法规对"政府引导基金"并未有明确的定义，而是使用"创业投资引导基金""政府投资基金""政府出资产业投资基金"等相关概念，并散见于政府文件中。但政府引导基金一直以来的核心和主旨均为"引导"和"扶持"，通过投资子基金的方式，扶持创业投资企业发展，引导社会资金进入创业投资领域。

对于有些学者以民营和政府来区分 LP 的做法，道合金泽主管合伙人葛琦认为以专业和非专业、机构和非机构、是否关注投资的社会责任来区分 LP 更为合理。"国有"和"民营"的界定方式容易带来"国进民退"或者"国退民进"等不适宜的倡导方向，促使两者形成对比甚至对立。专业的、机构化的组合基金不论是国有还是民营，都应属于同一类，另一类是以不做尽职调查、不以收益和风险性分析为基础的非专业化机构。

---

① [美] 丹·塞诺，[以] 索尔·辛格. 创业的国度：以色列经济奇迹的启示 [M]. 王跃红，韩君宜，译. 北京：中信出版社，2010:166，168，169.

万亿资本堰塞湖

在当前环境之下，政府引导基金仍旧是机构 LP 中最大的金主之一。然而目前市场上有些 GP 并不愿意拿引导基金的钱。是什么导致引导基金的钱长期趴在账上？为什么有些引导资金的使用效率会如此低下？就以上问题，我曾经和以太创服联合创始人、白泽资本合伙人彭然有过一次深入探讨。因为尝试业务探索和合作，彭然团队密集接触了国内数十个地方政府及其引导基金，他给我讲了几个亲身经历的故事：

故事一：

办公室里，某直辖市核心区科技招商部门的某负责人对着人工智能"独角兽"的名单挨个儿打电话。打了 300 个，有 50 个把他当成了骗子……

故事二：

某四线城市，这是你就算熟记中国地图也大概率不会知道的一个地方。在当地，街上基本见不到什么人，好不容易路过一家房产中介，门口兜售的广告上写着均价 1500 元。而当地负责人的诉求是要做一个基金小镇，让未来"入驻"的基金都把钱都投在当地。这是他们最关心的事儿。他们也不打算主动出击，而是等基金自己找上门来。

从这几个故事我们可以看到，政府引导基金的资金放大效应被"神话"了，政府做引导基金从第一天开始，就是希望资金端是能够放大的。怎么放大？

第一，要在母基金层面放大。在这一层面，事实上能参与的人是有限的，当地银行、金融机构、国企、政府融资平台、上市公司都曾愿意或者不得不愿意，配合去做母基金的出资人。过去的几年，这种操作在地方可以说是无往不利。然而时过境迁，这些主体在当前大环境下，自顾不暇。

第二，引导基金希望在 GP 层面继续放大。这时候问题来了。如果这是一家纯市场化的母基金，只要能保证投进头部的 GP 会拍胸脯承诺承担社会募资部分，这个目的是能够实现的。然而这时候所有人好像都选择性地忘记了几个再清楚不过的事实，即政府母基金给出去的钱都是自带行政条件的，无论返投还是注册地还是招商，更有甚者还需要决策权。

这也就意味着，对于现在存量仍旧巨大的地方政府引导基金，如果仍旧按着原有的套路继续，那么从现在开始接下来的几年，要么眼睁睁地看着这些钱烂在账上，要么逼不得已，投给那些在市场上根本没法募齐剩下的钱的 GP。投给这样的 GP，最后是怎样的结局，不用太强的想象力大概也能知道。

那引导基金体系，到底是不是好的招商工具呢？

一个企业，尤其是发展还不错的企业，真正要迁址，或者区域布局一个新的业务板块，是要满足很多条件的。有一定体量的业务真正要落地到某个地方的时候，牵扯到的方方面面太多，税收、人才、土地、产业配套、生活配套、资金支持，等等，这些对于企业和政府来说，都是一项战线长、细节多、执行烦琐的一揽子工程。

引导基金层层放大的资金设计，导致最后真正在面对项目的时候，关系链是漫长的，影响是极其间接的，所以到最后，GP的所谓项目能力，对于引导基金来讲，顶多也就是花钱买了个项目线索。剩下的真正招商和落地的事情，都还得自己找人干。

如果要总结一下上文讨论的所有问题，那么我们可以说，引导基金有钱投不出去，或者只能投一些并不优秀的GP，很重要的一个原因是，政府引导基金将招商和投资的使命合二为一了。招商和投资有着截然不同的目标、不同的路径，这会让政府、财政，以及参与政府母基金的国企、银行，以及GP、项目等整个链条上的所有人都很痛苦。

那么以目前的状态，接下来几年会导致什么样的结果呢？

第一，头部基金和地方政府引导基金的合作越来越少。

第二，政府引导基金已经参与的GP可能出现相当一部分烂尾基金。

第三，已有业绩不佳加之市场环境变化，母基金层面配资越来越困难。

第四，招商的效果与预期差距甚大。

针对以上问题，彭然也给出了自己的建议。

关于政府引导基金的母基金角色：

第一，行政条件要放开。注册地、返投/招商、投资决策等行政限制也需要放开，不放开就很难参与到好的GP中。

第二，虽然母基金本身对于招商更多的是起间接作用，但母基金无疑是参与一级市场最稳健和长期的投资产品，因此对有长期稳定财政实力和资金配置需求的地方政府来说，是非常不错的选择。

第三，面对未来各地产业升级愈发激烈的竞争，以LP的身份买入一张进入头部 GP 的门票，和一些优秀 GP 长期绑定，是值得的投入。至少从人情的角度来看，你投了一个头部 GP 好几期，甚至未来也是他长期稳定的 LP，GP 会在有机会招商尤其是招大商时想着你的。

第四，随着各个产业里股权投资渗透率越来越高，垂直行业的投资渠道会越来越纵深，链条越来越长，未来很有可能会出现一批只专注于某些领域的 GP，它们的投资布局可能会更契合于某个城市的产业发展，这样的 GP 是值得地方政府长期布局跟合作的。

关于政府引导基金的直投角色：

未来很多项目，就是优先适合政府投资的，且不是假大空的，而是有实打实的价值创造能力的。只是这样的项目，不见得都是几年能有几十倍几百倍财务回报的项目，但它可能会有机会成为当地某个未来产业的龙头，或者产业链上重要的一颗螺丝钉。不是每个地方都需要"独角兽项目"这样的神话，或者说大部分地方产业其实根本不需要这样的神话。

关于政府引导基金的招商角色：

第一，招商和投资要坚决分开。

第二，招商要专业化、中介化。投资专业需要有专业的 GP 来寻找项目、判断项目，招商同理。怎么建立系统的招商流程、标准的招商落地办法、有吸引力的招商条件、广泛的招商触角，都是需要专业机构配合资金体系去思考和打磨的。

第三，招商和投资最终也需要有机结合。资金作为任何阶段企业最重要的发展资源，在招商过程中必定会长期扮演很重要的角色。在招商和投资的专业分工之后，也需要有足够多样的手段和方法，使资金在招商过程中发挥出应该有的重要作用。对于地方政府来讲，这样才能真正把引导基金体系的资金作为招商过程中行之有效的工具。

狂飙之后何处去

经历了爆发期之后，政府引导基金也出现了一些新的变化和趋势。

首先就是面临的监管更加严格，包括检查、审计，财政资金的安全有效运作等方方面面。

2019 年 9 月，深圳市创新投资集团有限公司在自家官网上，首度发布了《关于公示深圳市政府投资引导基金清理子基金及缩减规模子基金名单的通知》。这是深圳市政府引导基金首次公示子基金的清理情况，在全国来说也尚属先例，名单一经公布，立刻震惊行业。

那么深圳市政府引导基金为什么要收回承诺出资呢？深圳市引导基金总经理蒋玉才在"2019 中国母基金峰会"上表示，我们手上有上千亿元的资金，不存在没钱一说。

蒋玉才认为，LP 和 GP 之间是一种基于充分信任的完全授权，所以"信守承诺"是一个 GP 应具备的基本品质。深圳市政府基金收回 140 亿元的承诺出资是对到期不能履行出资协议的子基金的清理，是充分地践行契约精神。蒋玉才同时表示，"我们承诺出资 20% 到 30%，但前提是你要能募到社会的钱。如果你募不到钱，我就不能给你了"。

其次，出于各种原因，有些地方的财政基金没有过去那么充足，用于市场化投资的资金并不是那么充裕，政府引导基金的规模缩减。

有些政府引导基金出资不到位，管理的基金号称几百亿元，但实缴到位只有几十亿元甚至更少。

最后，政府引导基金要回归初心，发挥好引导职能，服务好区域经济发展。政府引导基金如何更好地服务于区域经济发展？

盛世投资总裁张洋抛出了"三剂妙方"：

第一，目标要明确。当前，政府引导基金通常面临的困惑是，基于基金管理期较长，部分基金存续期间历经领导变更和不同管理办法更迭，缺少一以贯之的明确目标。支持大项目还是小项目，投早期还是投晚期，让利还是不让利……这些问题都没有标准答案，但需要在前期做好清晰约定。

第二，坚持市场化。"市场化"3个字虽耳熟能详，但归根结底，真正的市场化应该落脚到管理机构的混合所有制改革。这种混合所有制改革，如果只是国有机构、政府机构和其团队方的混改，是不够稳固，也不够彻底的，应当引入专业的市场化投资机构进行多元化混改。

第三，完善绩效考核。当前，诸多绩效考核方式造成了政府引导基金"不敢投"的现象。应适当放宽事前管理，建立多元化、科学化的绩效考核办法，完善事中约束和事后问责机制。

第七章　金融机构的分野

"资管新规"发布之后，在私募股权 LP 之路上，金融机构的分野愈加清晰：银行是土豪之家空有雷鸣，国内保险资金在股权投资基金上的配置比例还有较大提升空间，反倒是券商兴起了一波"母基金化"的风潮。

土豪之家空有雷鸣

银行系资金一度是股权投资基金 LP 的重要构成，其金额大、出资豪、讲规则、风格稳，一直是头部基金和母基金眼中的香饽饽。"资管新规"发布之后，银行没钱"输血"给私募股权，那银行理财子公司有没有可能成为资金来源的另一方天地？

银行理财子公司自立门户后，理应顺便接走原先资产管理部门的职能，衍生出股权投资的独立法人，并取精华而弃糟粕，有更市场化的投资决策和更接地气的风控流程。截至 2019 年年底，已有 17 家理财子公司获批筹建，其中 10 家开业，2020 年必是各家银行理财子公司大显身手的元年。

《母基金周刊》特约作者葛梦扉认为，"稳"是理财子公司转型的关键词，权益类产品踪影难寻，银行理财向权益类转型的步伐恐怕不会惊艳世人。客观来说理财子公司刚刚设立，包括很多产品框架、投资框架、研究框架还在建立的过程中，以往国内的银行都是以债权类的投资为主，对股权的投资还需要一个学习和适应的过程，所以，权益类的产品包括衍生品类的产品推出缓慢也是情理之中。

在银行理财新规后，尽管商业银行理财产品向权益化方向转型加速，不过截至目前，这一转型从银行理财子公司新发产品的角度看似乎仍未充分体现，尤其是各家理财子公司成立伊始，仍旧免不了向母行交代业绩，不靠量取胜的股权、权益类产品势必成为第二、三步发展战略和后续梯队产品。

整体而言，银行理财子公司终究是雷声大雨点小，一时半会儿很难成为股权投资方的大户人家，充其量是救不了近火的远水。

神秘高冷的保险资金

在欧美发达国家，私募股权基金是保险、养老基金等机构投资者资产配置的重要方向。根据 Preqin 的数据，截至 2017 年年底，全球前五大养老金机构在私募股权投资上的平均配置比例为 10.33%，其中股权基金的平均配置比例为 5.63%，超过股权直投的配置比重。国内保险资金总体上在长期股权投资的配置比例与国外主要养老机构相比差别不大，但在具体类别上差别明显。国内保险资金在股权投资基金上的配置比例大大低于国外主要养老机构的配置比例。

保险资管产品期限较长、杠杆率低，基本不存在多层嵌套、资金池等问题，长久期配置和稳健的中长期投资，使其天生成为股权资金的绝佳伴侣，最适合投私募股权行业，不管是母基金，还是 PE/VC 基金。国内保险资金投资私募股权基金的出发点主要有以下几个方面：

首先是拉长久期。长期以来保险公司面临较大的久期缺口压力，长期的债项资产无论是市场规模还是投资收益都无法满足保险资金的需求，股权类资产一般投资久期较长，有助于缓解保险公司的久期缺口问题。

其次是提高收益。股权类资产相较其他资产具有较高收益，能够提升保险资金的投资收益水平。

最后是战略意义。未来经济面临新旧动能转换，新技术、新模式和新公司成为创新的内涵，是经济发展和财富增长的强大驱动力，必然带来股权投资业务的发展壮大，保险资金参与股权投资既有利于服务实体经济，又有利于自身抓住股权投资的历史机遇期。

2008 年，保险资金开始逐步探索进入私募股权领域。当年 10 月，国务院批准了保险资金投资未上市优质企业的股权。但在当时，保险资金涉足私募股权都是"逐单批准"的运作方式，中国人寿、平安保险、泰康保险等企业，已涉水私募股权投资。

2010 年 8 月，《保险资金运用管理暂行办法》出台，其中明确规定保险资金可投资于未上市企业股权，至此，保险资金正式获准进入私募股权市场。2011 年 8 月，中国人寿成为国内首家获得股权投资牌照的险资企业。2012 年，中国人寿出资 16 亿元认购弘毅投资的二期人民币基金，成为国家放开险资投资私募基金后，保险公司 PE 基金投资的首单。

但监管也在一定程度上为保险公司划定了选择 GP 的门槛，《保险资金运用管理暂行办法》规定，保险公司投资股权投资基金，发起设立并管理该基金的投资机构应满足十大条件，其中包括管理资产余额不低于 30 亿元、已退出项目不少于 3 个、注册资本不低于 1 亿元等。此后，险资 LP 的出资门槛也在不断进行调整。2014 年 12 月，《中国保监会关于保险资金投资创业投资基金有关事项的通知》，规定保险资金作为 LP 投资，有以下 4 个重点要求：

一是要求被投资的创投机构具有 5 年以上创业投资管理经验，历史业绩优秀，累计管理创业投资资产规模不低于 10 亿元。

二是要求为创业投资基金配备专属且稳定的管理团队，拥有不少于 5 名专业投资人员，成功退出的创业投资项目合计不少于 10 个，至少 3 名专业投资人员共同工作满 5 年；投资决策人员具备 5 年以上创业投资管理经验，其中至少 2 人具有 3 年以上企业管理运营经验。

三是要求保险资金投资的创业投资基金，应当不是基金管理机构管理的首只创业投资基金，且单只基金募集规模不超过 5 亿元。

四是要求保险公司应当强化分散投资原则，投资创业投资基金的余额纳入权益类资产比例管理，合计不超过保险公司上季度末总资产的 2%，投资单只创业投资基金的余额不超过基金募集规模的 20%。

2018 年监管层取消了险资开展股权投资的行业范围限制，2019 年开始由中国保险资产管理业协会负责股权投资计划和保险私募基金注册，进一步提高了相关业务的注册效率，未来保险资金在股权投资领域将面临更广阔的市场空间。

2020年3月，银保监会正式发布《保险资产管理产品管理暂行办法》，这是为规范保险资产管理产品业务发展、统一保险资管产品监管标准、引导保险机构更好地服务实体经济、有效防范金融风险而出台的一部纲领性文件，保险资产管理行业迎来了新的时代机遇。

尽管如此，险资LP仍是"犹抱琵琶半遮面"的试探和观望态势，所以在不少投资机构眼里，险资就像"唐僧肉"：人人都知道好吃却一直吃不着。从GP们的角度来讲，很多基金管理人觉得险资LP的步伐不如预期，都希望险资LP的发展、资金的投入速度更快一些。

目前已有200多家投资机构获得了险资投资，比如泰康保险先后投资了宽带资本、高瓴资本、红杉资本、复星、高林资本、高榕资本、中信产业基金、华泰并购基金、顺为资本、礼来亚洲、元禾、钟鼎资本、盛世神州、通和毓承、北京航天产业投资基金等。

其他如前海母基金、歌斐资产、君联资本、鼎晖资本、赛富投资、天图资本、启迪创投、德同资本、达晨资本、普洛斯投资、中金瑞德、毅达资本、同创伟业、九鼎资本、盛世景、华盖资本、高特佳、华芯投资、国科嘉和、荷塘创投、基石资本、远洋资本、嘉定创投、广州基金、渤海产业基金、苏州国发创投、中银粤财、信达资本、东方富海、春华资本等一批投资机构也都拿到了险资LP的投资。

另外，中国再保险集团和阳光融汇资本等，还投资了KKR、黑石和摩根士丹利等国外投资机构。

虽然已经有200多家机构拿到了险资的钱，但相对于中国14000

多家管理机构来说，总量还是太小，更多的机构和险资打交道时仍旧是处处碰壁，大部分中小投资机构都被排斥在外。

保险资金在股权投资方面没有很大进展的一个重要的问题，就是配置能力不足。保险机构作为一个机构投资人需要有比较强的配置能力，需要把各类不同风险、收益特征的资产加入自己的投资组合，使自己的整个组合满足保险资金的特性，但这恰恰是国内保险公司的一个弱项，因为国内保险公司的投资一直是重品种而轻配置。

另外，自身对于短期收益的要求也会造成一些限制，比如说特别注重这一要求的国有企业，是不是愿意牺牲短期的收益来为公司获取长期的收益，这个可能也是一些国企领导需要考虑的问题。而如果是上市公司，它们的年报要给股东一个交代，长期资产的配置也会有影响。

由于险资 LP 决策的长周期和尽调的严格性，以及其他复杂因素，比如对管理资产规模 30 亿元的要求中，并没有明确"管理资产余额"的统计标准，投资机构子公司的资产管理规模能否计入并不确定等，当投资机构真正去接触险资时，才发现情况并不如自己想象中的那般乐观，"险资 LP 的春天"还远未到来。

未来险资 LP 又有哪些发展趋势呢？

趋势一：险资 LP 将加大对私募股权投资。2019 年，中国保险投资基金二期已完成前期主要准备工作，发行规模为 1000 亿元，主要面向境内保险机构募集，同时向相关金融机构、地方政府等融资。二期基金以股权投资为主，配置固定收益类投资。投资方向上，主要包括集成电路、先进制造业、制造业转型升级等国家级战略性行业基金和国家战略性行业企业股权、国企混改、国家战略发展重点区域基础设施建设和重点项目、产业园区和新型城镇化建设和基础设施补短板。

趋势二：保险资金将加快对海外股权投资基金的配置。有资源、实力强的大型保险机构在海外进行股权投资时既有直接股权投资，又有与海外知名私募股权机构合作或者直接投资海外知名 PE 机构。而规模较小的保险机构出于对海外市场、政治、法律风险的考虑，更加倾向于对海外的股权投资基金进行投资，包括从海外成熟的 PE 二级市场上接盘一些基金。[①]

趋势三：外资保险 LP 有可能直接投资于人民币基金。传统上外资保险公司作为 LP 投资国内基金，一般是以美元 LP 的身份进入，而QFLP（指境外机构投资者在通过资格审批和其外汇资金的监管程序后，将境外资本兑换为人民币资金，投资于国内的私募股权市场）政策中，禁止管理企业直接投资项目，明确投资企业应直接投资于实业，不能成为基金中的基金（FOF），所以不能投资于人民币基金。

2019 年以来，中国险资市场开放加速，不少大型外资险企均有进一步加深在我国保险市场布局的动作。安达保险持有华泰保险集团超51% 的股权，成为拥有绝对控制权的外资股东，而华泰保险集团也将转变为国内首家由中资变为中外合资的保险集团。未来外资保险有可能突破 QFLP 政策限制，直接投资于国内的人民币基金，当然这还需要比较漫长的过程和相关政策的进一步开放。

[①] 路跃兵，杨幸鑫. 私募股权 LP：配置策略、投资实践与管理之道 [M]. 北京：中信出版社，2017:216.

正在兴起的券商"母基金化"

1987 年，经中国人民银行批准，深圳市 12 家金融机构出资，组建了我国第一家证券公司——深圳经济特区证券公司。同年，中国券商尚在襁褓之中时，日本券商已然开始作为 LP 投资 GP。日本四大券商野村证券、日兴证券、大和证券和山一证券中，排名第二的日兴证券，出资 1 亿美元，投资了黑石资本的第一期基金。

在中国和日本称为证券公司的机构，在美国一般被称为投资银行，美国大投行已有百余年的历史，2019 年是高盛成立 150 周年。1994 年高盛在北京设立首个代表处，2004 年，高盛与其战略合作伙伴高华证券在中国设立了合资公司，高盛持股 33%。"高盛高华"是拥有全牌照的内资证券公司，在华可开展本土 A 股上市业务、人民币企业债券、可转换债券、提供金融顾问以及其他相关服务。

媒体评论高盛曲线进入中国内地市场的策略非常高明，不仅取得了一家中国投行的管理和财务控制权，而且一举奠定了在中国境内大型投行项目的主导地位，很多具有全球影响力的 IPO 项目都被高盛收入囊中。

中国金融开放的步伐从未停歇，中美贸易战又加速了这种步伐。2019 年 7 月，国务院金融稳定发展委员会办公室推出 11 条金融业对外开放措施，将原定于 2021 年取消证券公司、基金管理公司和期货公司外资股比限制的时点提前到 2020 年。

2020 年 3 月，证监会发布消息，自 2020 年 4 月 1 日起取消证券公司外资股比限制。高盛集团获准对高盛高华持股比例将从33%增至51%，摩根士丹利对摩根士丹利华鑫证券的持股比例将从49%升至51%。截至目前中国境内已有5家外资控股券商，分别是瑞银证券、摩根大通证券（中国）、野村东方国际证券，以及高盛高华和摩根士丹利华鑫证券。

已获批外资控股券商表达了谋求100%持股权的雄心壮志，高盛亚太区（除日本外）联席总裁李廉在谈到获准时说："这是我们在华业务发展的重要里程碑，我们也将寻求尽早实现100%的所有权。"

外资控股券商大规模进入中国，在跨境金融服务等方面具有先天优势，也有着更加丰富的产品和先进管理理念，势必加剧国内投行业务的竞争，国内券商传统的盈利模式将受到激烈挑战。外资券商从幕后走到台前，它们的"春天"来了，国内券商却"凛冬将至"，多家券商都传出降薪裁员的消息。

一直以来，国内券商的优势都在于卖方业务，面对外资券商大举进入的竞争，本土券商也开始发展买方业务来对冲风险。国泰君安证券提出打造买方生态体系的战略规划，构建集券商资管、私募股权投资基金、公募基金三位一体的买方生态圈。

2016年，华泰证券开始涉足母基金业务，设立了华泰招商（江苏）资本市场投资母基金（有限合伙）。国都创投是国都证券旗下开展私募基金管理业务的子公司，2018年转型至母基金业务，是市场化运营的产业引导型母基金管理人，聚合了国都证券自有资金、地方政府资金、国有企业和产业资本等多样化资金。

2020年1月3日，上海国泰君安创新股权投资母基金中心（有限合伙）成立，根据公告，国泰君安股权投资母基金首期基金认缴意向总规模约为80亿元，基金存续期最多10年，执行事务合伙人为国泰君安资本管理有限公司。其股东还包括青岛国信金控、上海国际信托、上海医药、上海国际、苏宁易购等10家机构。

国内头部的券商如国泰君安、中信证券、中金公司、申万宏源、华泰证券、国都证券等，都已经开始"母基金化"的进程，还有两家头部券商正在内部筹备母基金，目前还没有公开对外宣发。

券商母基金的投资范围基本覆盖了目前主流的投资赛道：华泰母基金投资互联网、高端装备制造、生物技术、高新材料、新能源、智能设备、文化传媒等领域；国都创投投资领域包括大科技、大健康、大养老、大农业等；国泰君安母基金聚焦先进装备制造、新一代信息技术、医疗健康、环保新能源、消费与现代服务业五大产业领域进行重点布局。

券商"母基金化"主要有四大动力：

一是解决私募子公司资金不足问题。2016年证券政策新规发布，其中一个重要变化是私募基金子公司自有基金投资于本机构设立的私募基金时，对单只基金投资金额不得超过该基金总额的20%，其余需要向外募资。政策倒逼券商私募行业规范化，也促进券商私募子公司积极转型。券商私募子公司发起设立市场化母基金，可在一定程度上解决私募子公司资金不足的问题。

二是扩大行业影响力和品牌效应。关于发起设立母基金的初衷，国泰君安在公告中表示："一方面，可以汇聚金融资源和产业资源，深入推进产融结合，更好地落实金融资本在国家创新驱动发展战略中的责任和使命；另一方面，可以扩大公司在股权投资行业的影响力和品牌效应，吸引更多的优质项目资源，促进公司股权投资等有关业务的发展。"

三是产业集团的金融诉求。产业集团将资本作为实现产融结合的重要手段，与券商合作的方式分两种模式：

第一种，合作设立产业投资基金。比如金圆资本与招商致远合作设立总规模 10 亿元的新兴产业股权投资基金，成为金圆集团对外与券商直投合作的首只市场化股权投资基金。

第二种，做券商母基金的 LP。苏宁易购 2019 年 4 月发布公告，拟与国君资本合作，联合其他有限合伙人共同出资设立上海国泰君安创新股权投资母基金中心（有限合伙）。2020 年 1 月，苏宁易购集团股份有限公司正式入股国泰君安母基金，认缴出资额为 5 亿元。公告中称："本次公司与国泰君安证券合作，强化了与行业优秀的专业投资机构合作，一方面有助于公司获得产业投资资源，增强公司产业投资能力，而且能够加快公司在智慧零售、智能科技等领域的投资布局。公司与被投企业可以形成优势资源互补以及产业业务协同，有助于丰富公司的生态圈体系，提升行业竞争力。另一方面，国泰君安证券拥有专业的投资经验和资源，能够有效控制投资风险，实现基金投资收益。"

四是地方政府的发展诉求。

首先，券商母基金可以促进地方产业的高质量发展。作为中金公司、中金资本与厦门政府在投资领域深度合作的重要成果，中金启融基金于 2017 年 11 月落地厦门，在厦投资合作项目涉及信息技术、半导体、文化创意、医疗健康等多个重点领域，有效服务厦门"十大千亿产业链"的转型升级，助力厦门产业高端化、集群化，为实现厦门地区高质量发展起到了积极的促进作用。

其次，券商母基金推动产业跨区域布局，形成城市间的联动发展。单纯靠政府产业引导基金，很难通过对区位经济的理解而形成城市间的联动，而纯市场化母基金由于资本的逐利性，对于回报和周期有很强的资本属性，无法忍受产业前进当中的波动，券商母基金可以很好地将二者结合。

G60，是连通长三角与西南地区、横亘东西的一条高速公路，而现在它更多地作为一条科创走廊而闻名于世。它源于沪、苏、浙、皖三省一市的9个城市——上海、杭州、嘉兴、湖州、金华、苏州、合肥、芜湖、宣城联合建立的"G60科创走廊"。2019年年底，国务院印发《长江三角洲区域一体化发展规划纲要》，这条走廊被赋予了打造科技和制度创新双轮驱动、产业和城市一体化发展的重要使命。

2019年以来，一些券商和长三角的地方政府和产业集团，共同策划设立创新产业母基金，以协调和推动科创走廊跨区域发展。

那券商做母基金又有哪些独特优势呢？

首先是募资优势。国内券商大多具有国资背景，LP资源相对丰富。国企央企、政府引导基金以及券商长期合作的上市公司，都是券商母基金的理想出资方。尤其是作为金融机构，券商及其股东自有资金充足，这是其他类别的母基金管理人所不具备的独特优势。

其次是研究能力。券商最明显的优势就是行业研究能力。券商拥有完善的金融资源网络，比如中金公司就拥有一流的研究能力，研究团队覆盖40多个行业及在中国内地、香港、纽约及新加坡交易所上市的 800 余家公司，超过 2/3 的研究报告以中英文两种语言出具。专门讲解中金深度研究报告的微信公众号"中金点睛"，已经发布了超过 2000 篇原创内容。

最后是资源网络。券商拥有完善的实体资源网络，可以有效提升券商母基金的投资管理能力。比如中金资本作为国家级新兴产业母基金的管理人以及多家地方政府产业基金管理人，通过长期合作建立了互信关系和合作网络。

当然，券商"母基金化"的过程并不会一帆风顺，也很有可能遭遇一些挫折和挑战。

1997 年 4 月 15 日，正要在全球举行百年庆典的日本著名证券公司山一证券突然宣布"自主停业"，这一消息震惊日本，引发全球金融界的关注。研究分析二战后日本最大的券商破产事件，对中国券商有重要的借鉴意义。山一证券的倒闭固然有当时日本所处"泡沫经济"的大时代原因，但其中有一条值得特别注意，就是在日本代理投资证券公司是不保底的，山一不敢得罪大财阀就用本公司的钱还债并隐瞒了债务，违反了证券交易法，最终导致了日本政府的彻查。

中国券商母基金投入的自有资金不少，背后的政府系 LP 是否有保底回购要求外界不得而知。如果有保底回购要求，LP 结构合理不会有大问题，毕竟母基金的投资风险相对较小，这其实考验的是券商在卖方业务和买方业务之间平衡的艺术。

另一个挑战是卖方和买方的转换。卖方投行挣的主要是佣金，而买方主要是通过投资来获得超额收益，这两种能力要求差别巨大，公司文化也颇为不同。虽然有一些国内券商也具有政府引导基金的管理经验，但由于政府引导基金和市场化母基金的投资目的和要求并不完全一致，券商母基金要想完成内部治理结构、投资策略以及人才的市场化转型，还有很多工作要做。

第八章　市场化母基金的探索

什么是市场化母基金？

狭义的观点认为，出资人要市场化，投资端也要市场化，才能被称为市场化母基金，主要特征包括资金的市场化募集、无返投比例要求、无投资地域限制、无产业引导诉求、多样化资产配置以及专业化团队管理等；广义的观点认为，只要投资端主要是市场化，就可以叫作市场化母基金，因为如果按照狭义的观点，中国严格意义上的市场化母基金实在是太少了，几乎可以忽略不计。

另外，在 2016 年 9 月国务院发布的《国务院关于促进创业投资持续健康发展的若干意见》中，明确鼓励创业投资引导基金注资市场化母基金。从这个角度来看，市场化母基金的定义采用广义的观点更加合适。

从全球范围来看，市场化母基金在萎缩，原因就是重复收费。根据国外数据平台 Preqin 的统计，2007 年，母基金可以募集到整个私募基金市场 15% 的份额，而到了 2017 年这一数据下降至不足 5%。此外，关注市场上新崛起的私募基金以及尝试不同的投资结构，例如与子基金管理人进行共同投资，或设立专注于基金二手份额的S基金（secondary fund），都在成为母基金尝试应对市场挑战并维持行业优势的有力武器。

中国市场化母基金就更加不乐观了，根据清科研究中心的数据，2019年中国股权投资市场，活跃机构及个人LP参与2600余只基金的出资，人民币基金LP出资额超9600亿元，其中国资LP出资额占比70.4%，市场化母基金出资额仅为190亿元，占比约2%。可以看出，近几年国资LP渗透率上升趋势明显，LP投资主体已经趋于国资化，市场化母基金正日渐式微。

前海母基金的"神话"

2015年12月，募集规模285亿元的前海母基金成功设立。这个国内单只规模最大的市场化母基金在行业内引起轰动，也为母基金的市场化发展注入了一针强心剂。

前海母基金主要有四大特点：

第一，前海母基金是国内单只规模最大的市场化母基金，LP阵容豪华。前海母基金的LP主要分为4类：一是政府引导基金，包括深圳市政府、福田区、南山区、龙华新区，深圳以外像北京、天津、石家庄以及厦门市的相关政府机构；二是保险等金融机构，包括中国人保、太平人寿、北京银行、招商银行、渤海银行等几家保险公司和银行；三是著名企业和上市公司，包括中国电信、富华国际、国信证券、太太药业、中钢国际、星河集团、喜之郎等；四是一批上市公司和著名企业的实际控制人。

第二，管理团体精英云集，由一批来自专业投资机构、政府、证券、银行的专业人士组成。执行合伙人靳海涛经验非常丰富，曾经带领深创投成为国内最好的投资机构之一，招商银行前行长马蔚华、红杉资本中国基金创始人沈南鹏、IDG资本公司创始董事长熊晓鸽、松禾资本创始合伙人厉伟、清科集团创始人倪正东等作为联合合伙人。

第三，国资和民资搭配合理，兼顾了基金的引导性和市场化的要求。前海母基金虽然有8个政府引导基金出资，但仅占1/5左右，整体占比并不高。大多数资金都是社会资本、民营资本。

第四，商业模式有诸多创新，引领了行业的发展。其中最重要的就是不重复收费的商业模式——前海母基金向一些子基金出资，子基金收了管理费和Carry，剩下的收益分给前海母基金，前海母基金就全部分给了LP，这也是前海母基金能够做到全国商业化母基金规模第一的最重要原因。

自成立以来，前海母基金先后投资了华映资本、德同资本、华兴资本、同创伟业、中信建投、火山石资本、天图资本、松禾资本、晨晖资本、梧桐树资本、红点中国、微影资本、康桥资本、青山资本、青松基金、追远创投、健桥资本、光信资本、合一资本、助力资本、正瀚投资、德福资本、基石资本、武岳峰资本、曦域资本、元生创投、丰厚资本、辰德资本、启源资本、合力投资、道格资本、曜为资本等多个GP，并取得了不错的回报。

之所以说前海母基金是可遇不可求的"神话"，主要有两个原因：

第一个原因是，前海母基金是一只国家支持的商业化母基金，这也是由于当年前海深港现代服务业合作区设立时的国家的一项政策。为鼓励前海设立股权投资基金，深圳市政府拿出了 10 亿元作为前海母基金的基石投资人，这种历史性机遇可遇不可求。

第二个原因是，靳海涛的传奇经历不可复制。在创投江湖里靳海涛被称作"南帝"，有人形容他是一个兼顾江湖义气和土狼智慧的可爱老头。在担任深创投董事长期间，曾创造过一年内有 24 家被投公司上市的创投世界纪录，在几乎每一个行业发展的关键节点，他都是第一批弄潮者，其眼光和魄力非一般人能比，做了很多大胆的创新，后来人很难复制。

在中国母基金行业，有靳海涛这样的大佬愿意跳出体制大力推动市场化母基金的发展，着实令人钦佩。在他的带动下，很多头部 GP 也开始募集市场化的母基金，靳海涛也成为中国市场化母基金的一面旗帜。

从欧洲古堡到中国母基金生态连接器

星界资本成立于 2017 年，是一家新兴的市场化私募股权投资机构，由中国国新、中信银行、红杉资本、福田引导基金和头部互联网公司联合发起，初始管理规模近 300 亿元，专注新经济产业的直接投资和母基金投资。

星界资本创始管理合伙人方远，曾就职于欧洲某皇室基金。在"2018 年中国母基金峰会"上，星界资本第一次正式对外揭开了其神秘的面纱，方远在主题演讲中这样描述他的新选择："离开皇室基金开启一番全新的创业，这次将站在中国眺望世界。"

星界资本以"母基金＋直投"的方式，积极布局战略新兴产业的股权投资，重点覆盖医疗健康、消费升级、"互联网＋"、技术创新等领域的"新经济"投资机会；通过真正的合伙制，建立兼具母基金和直投复合背景的专业团队，打造覆盖私募股权全产业链的共赢生态圈。与此同时，星界资本自主研发"星界云系统"，通过数据智能驱动投资，打造最优化的投资组合。

星界资本已投资红杉中国、钟鼎资本、源码资本、丹麓资本、弘晖资本、高榕资本、真格基金、线性资本、黑蚁资本、夏尔巴投资、天壹资本、熊猫资本等一大批优秀的投资机构。

作为一家具有国际化背景管理人的母基金，星界资本十分注重绿色投资和可持续发展，是中国第一家加入联合国责任投资原则组织的人民币母基金和私募股权投资机构，亦是首家签署支持中国金融学会绿色金融专业委员会的"一带一路"绿色投资原则的私募股权投资机构。

自卑与超越：三方财富母基金

为什么国内有些头部投资机构好像永远不愁募资，甚至很多 LP想投都不一定投得进去？如果你翻开国内著名第三方财富管理公司的股东名单，一定会发现几乎每家背后都有头部投资机构的投资支持，而这些三方财富也为头部机构的募资，插上了一双"隐形的翅膀"。

早在 2007 年，红杉资本便投资诺亚财富数百万美元。2010 年诺亚财富成为首家在纽交所上市的国内独立财富管理机构，红杉资本是诺亚财富成功上市的最大赢家之一，仅用 3 年时间便获得数十倍的账面回报。

2016 年，红杉资本中国基金正式宣布参股诺亚财富旗下全资子公司歌斐资产，对其进行战略投资。对此，红杉资本中国基金创始人沈南鹏表示："诺亚集团是红杉重要的机构合作伙伴之一，特别是其资产管理业务有加速增长的潜力。歌斐资产和红杉之间存在着巨大的协同效应，我们的投资与合作将有助于歌斐在全球市场业务的快速发展，更好地服务于中国高净值人士和机构客户。"

2011 年 5 月，IDG 资本、凯鹏华盈、摩根士丹利投资宜信财富控股有限公司 3000 万美元。2017 年 4 月，IDG 资本携手宜信财富成立了天使投资母基金。同年 11 月，IDG 资本和宜信共同宣布双方成为全面战略合作伙伴。

尽管有著名机构的投资加持，第三方财富管理公司仍面临着不小的挑战。

2018 年 3 月 28 日，互联网金融风险专项整治工作领导小组办公室正式发布《关于加大通过互联网开展资产管理业务整治力度及开展验收工作的通知》，宣告对非持牌的第三方财富管理公司痛下"杀手"。同时银行理财子公司和券商财富管理公司等持牌金融机构进入财富管理市场，也可能会进一步压缩三方财富的生存空间。

自 2018 年年底券商行业龙头中信证券将经纪业务更名为财富管理业务后，券商经纪业务更名的风潮在 2019 年更加盛行。同时，2019 年共有 17 家银行理财子公司获批筹建，预计到 2020 年年底，理财子公司的数量或较 2019 年翻番。

2019 年 11 月，中国财富管理 50 人论坛年会上，中国人民银行原副行长吴晓灵出席并发表讲话。吴晓灵认为，银行理财子公司可能对资产管理行业产生巨大影响，尤其会对基金行业形成不公平竞争。如果外资与银行理财子公司合资成立外资控股的银行理财公司，两者强大的管理能力和销售渠道结合，再加上监管规则的优势，对行业的冲击是巨大的。

行业内一直流传着一种说法：第三方财富管理公司，是银行等金融机构的"丫鬟"，在它们面前自卑得抬不起头。其实自卑感是人类进步的底层动力，我们每个人都有不同程度的自卑感，因为我们发现我们都希望自己所处的地位能有所提升。如果我们一直保持着勇气，便能以直接、实际而完美的唯一方法——改进环境，来使我们脱离这种感觉。①

虽然在金融牌照等方面具有明显的劣势，但三方财富在母基金方面的探索，仍领先于银行和券商等金融机构。

2010 年，诺亚财富旗下的歌斐资产发起设立了首只以民营资本为主导的市场化母基金，代表着我国开启了民营资本市场化母基金的新时代，并不断发展至今。歌斐资产创始合伙人、董事长兼 CEO 殷哲见证了第三方资产管理从无到有的历程。在他看来，歌斐资产虽不是母基金的开创者，但一定会是专业母基金的坚守者。

随着越来越多的中国资本走向境外，进行全球投资布局，歌斐也

---

① ［奥地利］阿尔弗雷德·阿德勒．自卑与超越［M］．曹晚红，译．北京：中国友谊出版公司，2018:45.

在境外设立了办公室。歌斐从 2012 年起就在香港设立了分公司，2016 年又在美国硅谷设立了分公司。同时，由于境外资本对中国市场的投入度越来越高，歌斐近几年的工作一方面是走出去，让歌斐在境外的投资帮助境内的客户，另一方面是引进来，对接境外资本，帮助其投资境内市场。

宜信财富私募股权母基金成立于 2013 年，是宜信财富旗下的私募股权资产类别业务平台。宜信母基金已管理超过 200 亿元的私募股权类资产，国内外累计投资 200 多家基金，覆盖超过 4000 家企业，其中包括 3000 多家国内企业和 1000 多家以美元形式投资的企业。

宜信母基金取得的优秀成绩，最核心的是源于专业的投资管理团队。宜信母基金管理合伙人廖俊霞，2002 年进入中国创业投资行业，长期参与早期企业的投融资业务，对国内私募股权市场发展有着全面深刻的理解："因为我们管理的是高净值客户和机构的资金，所以唯一的诉求就是稳健长期、可观的财务回报，这是我们与其他类型母基金不同的地方。"

作为母基金管理人，廖俊霞对于 GP 的理解与其曾经的直投经历是分不开的："做直投，会集中地看若干行业，然后再去深耕一些细分赛道。GP 往往需要把一个赛道的前十甚至前二三十的公司都研究过一遍，投资后还要陪伴企业成长，甚至陪伴其上市或者并购，需要深入企业经营成长的细节非常之多。而母基金则是综合配置不同的行业、子基金、企业阶段和投资策略，覆盖面相对更广泛，很难再对每个行业都像直投基金那样扎得那么深。"

正是经过了在直投基金和母基金的历练，廖俊霞对于 GP 和 LP 职责分工的看法非常清晰："我们给自己的定位是二级专家，并不是某个领域的一级专家。我们不可能在每个领域都清楚地了解哪个公司更好，所以我们不对 GP 的投资决策指手画脚。哪个公司好是 GP 考虑的事，我们要做的是找到能投到最好公司的基金。更重要的是，我们能够充分理解和尊重 GP 的投资理念，认同长期投资、价值投资，给他们充分发挥的空间，这也是 GP 们在选择 LP 时非常看重的。"

廖俊霞认为，由于私募股权投资的长期性与相对不高的流动性，宏观经济短期波动等外部因素会在短期内对子基金账面回报率产生影响，而宜信财富私募股权母基金能够借助自身的专业度对子基金回报的波动进行客观评估，适当地给予 GP 充分的理解和支持。

除了以上几家，还有一批三方财富公司，在私募股权母基金领域也进行了积极的布局。当然也有一些运营不那么规范的三方财富公司出现了问题，过去粗放式的发展、盲目扩张规模和忽视资产管理能力的苦果开始显现，2019 年开始集中出现"爆雷潮"也影响了母基金业务的开展。

第九章　中国 CVC 战略大棋局

2019 年，一个"南"字，当选《新周刊》年度汉字，也道尽了募资市场的心酸。

私募股权市场哀鸿遍野，LP 的增量到底在哪里？除了动辄千亿体量的"国家队"，还有 CVC、券商系母基金、GP Seeder 等类型，而 LP 增量中最值得关注的，就是近年来一部分 CVC 的"LP 化"。

历史进程中的 CVC "LP 化"

"双创"时代带动了中国 CVC 爆发式的增长，但一个关键问题是：为什么从 2018 年开始，出现了 CVC 大规模"LP 化"的现象？

关于 CVC 的讨论不少，但大多只谈到 CVC 的爆发式增长，对于发展过程中的困境和烦恼鲜有提及，如果没有系统化的梳理，很难厘清 CVC 的未来发展方向和趋势。阿里巴巴集团前副总裁兼阿里资本董事总经理张鸿平，是阿里资本部门招进来的第一个专业投资人，他曾经向媒体讲述过阿里在产业资本这条路上初试的迷茫与失败。总结起来，产业投资有三大挑战：

一是财务意义上"赚钱"的投资和战略投资是矛盾的，还是可以是一枚硬币的两面？二是产业资本经常会陷入由微观业务目标驱动的投资困境。并且如果想投一些非主营领域的好的公司，又要强加一些条件，这样的话根本就投不进去。三是投不投从本公司出走的创业者？如果投，给内部的人是什么样的信号和示范？这显然不利于团队的稳定，那为什么还要鼓励这样的行为？

有媒体披露，在 2018 年下半年的一次复盘会议上，蚂蚁金服战略投资部负责人纪纲用 10 个字总结了困境："早期投不准，后期投不动。"

要想解决这些问题，CVC 通过旗下独立的风险投资公司去完成生态型布局，是一个相对来说的最优解，因此很多 CVC 结束了单纯依靠自己企业投资部进行投资的 1.0 时代，开始了 CVC 组建 GP 做投资的 2.0 时代。

腾讯成立了 50 亿元的产业共赢基金；阿里先后成立了阿里资本和湖畔山南资本；百度成立了百度风投和百度资本分别对应早期和中后期的财务投资，加上百度投资并购部，打造出投资三叉戟体系；联想控股旗下的联想之星、乐基金负责天使投资，君联资本负责风险投资，弘毅资本负责并购投资，构建起完整的投资产业链。

然而只做 GP，并不能完全解决上述问题，从一些创业者的视角来看，他们也更喜欢从红杉和经纬等这样的专业风投寻求融资，而不太愿意把自己与那些打开一扇大门却要关上几扇大门的战略风投绑定，他们担心过早站队的话，一旦拿了某大公司旗下 GP 的钱，就很难再有机会与该公司的竞争对手进行重要的业务往来，或把公司卖给该公司的竞争对手。

　　甚至有个别 CVC 旗下的 GP，为了避免上述情况，不惜更改 GP 机构名称，以期与母公司划清界限，重塑品牌。而此时从母公司的视角看，可能已经创造了一头不受自己控制的怪物，而且是一头在市场上不断行走的活的怪物，还有可能反咬自己一口，行业内就曾经出现过类似的事件。基于以上种种原因，中国的 CVC 逐渐开始了"LP 化"的进程。

　　以"LP 化"为标志，中国 CVC 投资进入了 3.0 时代，中国出现了一批集企业战投部、旗下独立 GP、LP 投资"三位一体"完整投资体系的 LP"新物种"。

　　1997 年，美国前总统国家安全顾问、当代一流的战略家布热津斯基，写成了《大棋局：美国的首要地位及其地缘战略》一书，第一次正式使用了"大棋局"这个概念。

　　我认为书里最精彩的篇章，在于对"地缘战略棋手"和"地缘政治支轴国家"的分析。所谓"战略棋手"，是指那些有能力改变世界现有地缘政治格局的国家；所谓"支轴国家"，是指它们的重要性来自它们所处的位置以及对战略棋手的影响。①

　　如果用国际关系中的大国斗争视角，来看待今天中国 CVC 巨头们之间的博弈，就会发现历史总是不断地重复，BAT 等巨头博弈，和中、美、俄之间的竞合也十分相似：阿里、腾讯、百度、字节跳动、京东

────────────

① [美] 兹比格纽·布热津斯基. 大棋局：美国的首要地位及其地缘战略 [M]. 中国国际问题研究所，译. 上海：上海人民出版社，2018:34-35.

等就是所谓的"战略棋手"，它们投资的 GP，就是所谓的"支轴国家"。

这些"支轴 GP"，就好比构筑在某些细分领域的防波堤，如果"战略棋手"还处在自己做 GP 的 2.0 时代，就相当于没有自己的"支轴GP"，相对于其他已经完成了"LP 化"进程的棋手，就出现了系统性弱点。理解了这点，也就能理解很多 CVC 巨头们的战略大棋局。

蚂蚁金服以出资超过 50% 这样一种"大 LP"的身份参与了凡创资本之后，陆续投资了浅石资本、36 氪基金等 7 只基金，大部分是 GP的第一期或者第二期基金，这套合纵连横的策略，被纪纲认为是决定蚂蚁战投未来的关键动作。

腾讯作为 LP 投资的第一家 GP 是钟鼎资本，而钟鼎资本背后的LP，不但包括了腾讯、京东、美团等新经济 CVC，也包括了顺丰、建发新兴、晨光文具和海底捞等传统产业 CVC。腾讯不但投资了阿里系的云锋基金、美团旗下的龙珠资本、小米系的顺为资本、礼来亚洲基金、金沙江创投、峰瑞资本、GGV、红杉中国、南山资本、真格基金、高榕资本等，还投资了京东与国风投和红杉资本共同组建的母基金投资平台星界资本。

京东除了投资星界资本、钟鼎资本之外，还投资了高成资本、拾玉资本等；字节跳动则投资了黑蚁资本和 XVC 等；小米系的顺为资本投资了莲花资本、创业邦天使基金和真顺基金等；拓尔思目前参股的基金总共有 5 只，分别是晨晖并购基金、拉卡拉互联网产业基金、北京高精尖产业基金、蓝拓基金和创金兴业产业基金。

传统产业 CVC 中，建发新兴先后投资了君联资本、启明创投、华兴资本、芒果文创、中金公司、康桥资本、兴业证券、川流投资、国药资本、钟鼎创投、源渡创投、通和毓承等十几家 GP。

新希望投资了真格基金、基石资本、红杉资本、厚新健投、高榕资本、龙珠资本、峰尚资本、清晗基金、华兴新经济基金、腾讯投资等机构，并参与成立了产业母基金；七匹狼投资了深创投、曦域资本、峰瑞资本、弘章资本、道生投资、中南弘远、岳佑投资等机构。

海底捞投资了曦域资本、鼎晖投资、涌铧投资、红杉资本、云锋基金、钟鼎资本、景林投资等机构；蓝色光标投资了高榕资本、蓝拓资本、考拉基金、真格基金、创金资本、艾瑞资本、蓝图创投、洪泰资本控股等机构；光线传媒投资了华兴新经济基金和黑马基金等；晨光文具投资了钟鼎资本、磐石资本、兴富资本等 GP。

首钢基金投资了君联资本、明势资本、经纬中国、红杉资本、通和毓承、险峰、真成投资、高榕资本、源星资本、元禾原点、北极光创投、丹华资本、达晨创投、启明创投等；日照钢铁投资了复星创富、光大金控、博裕资本、天岑投资、鲁信资本、中信产业基金等机构。

上汽投资了高瓴资本、瑞力投资、博裕资本、卓砾资本、华控基金、君和资本等机构，也成立了产业母基金；北汽投资了中骏资本、首创创投、航天高新、德同资本、东圣投资、万方资本等机构。

全球化逆潮的挑战

21 世纪初，全球化成为一种思潮，国外 CVC 巨头也不断进入中国。对于当时尚不熟悉的中国市场，思科作为单一 LP 设立基金，委托软银赛富进行投资管理，并陆续发起二期、三期基金，吸引了更多国际背景出资人的参与，有效放大了资本的杠杆作用。

中国 CVC 投资的"LP 化"进程，除国内企业自身发展阶段和国内经济形势的变化之外，也与国际形势的变化密不可分。随着中国"一带一路"等国际战略的发展，越来越多的大企业将目光投向海外，"走出去"将成为一种必然。

21 世纪初，托马斯·弗里德曼曾认为世界将变得越来越平坦，然而十几年过去，世界不但没有变"平"，反而更加崎岖。2019 年 9 月，华为总裁任正非接受弗里德曼采访，采访后弗里德曼总结："要么解决好华为的问题，要么全球化就会走向分裂。"

除了美国，英国这个代表自由贸易的国家越来越走向保守，正在强硬地寻求脱离欧盟束缚的方法。亚洲市场上，日本和韩国围绕芯片引起的贸易战也愈演愈烈。特朗普用"零和博弈"的视角看待贸易，在这个博弈中，一个国家收益的百分比是以另一个国家的损失为代价的，从而煽动起一场新保护主义的全球化逆潮。[①]

不仅是华为，包括中兴、小米、OPPO 等的中国整机厂商都对美国半导体元器件高度依赖，因此中美贸易战正在倒逼中国高新技术企业技术和供应链去美国化，以确保自身安全。

要想弯道超车，仅靠自己做 GP 投资所能撬动的资源有限，"LP化"或许是华为未来投资战略的一个方向，实际上华为也曾经有过尝试：2010 年年底，第一只国家级大型人民币母基金"国创母基金"设立时，在首期 150 亿元的募集份额中，华为出资 5 亿元，首度以 LP 的身

---

① [美]约瑟夫·E.斯蒂格利茨.全球化逆潮[M].李杨，唐克，章添香，译.北京：机械工业出版社，2019：前言.

份出资母基金。

中国 CVC 的"LP 化"之路与国外相比，有几个重要的不同：

首先，路径不同。中国 CVC 多数是从直投开始，再转做 LP，比如阿里和腾讯；而大多数国外优秀的企业风险投资，都是以投资 FOF 开始，然后再转成直投的，比如西班牙电信、思科和 SAP。

企业如果想进行风险投资，我的建议是向 SAP、Novell、微软、英特尔、诺基亚、思科等公司学习，即先向其他风投基金投资，再进行直接投资。实践证明，这样做会有更好的效果：既有助于你实现战略和财务目标，又可以有力地掌握你自己的直接投资计划。[①]

其次，程度不同。据统计，国外有 30% 左右的 CVC 都在投资 FOF[②]，而目前中国 CVC 的"LP 化"比例，暂时还没有准确的数据，根据对国内主流 200 家左右 CVC 的简单分析统计，"LP 化"比例目前不超过 20%。

再次，阶段不同。在一级市场中，LP 可选配置资产与策略包括 FOF、VC 基金、并购基金、S 基金、直投、跟投等。海外 CVC 们可选择的种类比较多，可以多组合配置，降低组合资产间的相关性。早在 2001 年，思科公司就斥资 1.98 亿美元，购买了日本软银公司 1.65% 的股权，并且两家公司联合成立了一个 10.5 亿美元的合伙基金。投资软银，大大增强了思科在后端并购方面的专业经验与能力。

中国真正意义上的并购基金很少，只有张磊的高瓴资本、方风

[美]安德鲁·罗曼斯.创投帝国：企业风险投资策略与最佳实践[M].周宏亮，唐英凯，译.北京：中国人民大学出版社，2018:136.

[美]安德鲁·罗曼斯.创投帝国：企业风险投资策略与最佳实践[M].周宏亮，唐英凯，译.北京：中国人民大学出版社，2018:154.

雷的厚朴投资、吴尚志的鼎晖资本、刘海峰的德弘资本以及刘晓丹新创办的晨壹基金等，估计不超过 10 家。更多的交易是管理层收购（MBO），比如 2019 年高瓴牵手格力的案子。这就导致了"LP 化"之后的中国 CVC 们，只能往前端去投天使、VC 等早期和成长期的基金，而对后期的并购基金基本上投无可投。

这样一来，中国 CVC 投资早期阶段的问题可以解决，但投资后期阶段的专业并购能力却普遍不足。假设当初暴风影音对意大利 MPS 的并购，不是自己操作，而是通过自己所投的专业并购基金去尽调投资，也不至于被几个混混轻松骗走 52 亿元，最后导致公司倒闭，创始人冯鑫也身败名裂、身陷囹圄。

正面的例子也不是没有，比如当年刘海峰还在 KKR 当全球合伙人兼大中华区首席执行官的时候，投资了青岛海尔，帮助海尔协作收购了 GE 的白家电业务，整合成功后股价提升几倍。所以当刘海峰创业做了德弘资本之后，海尔也出资几亿元作为基石 LP 之一，相信海尔也是看中了他在后端并购上能给自己带来专业的眼光和回报。但这种互相成就的案例可遇不可求，在中国市场上只是个例。

最后，关系不同。国外 CVC 做 LP，和 GP 的关系像是师生，大部分目的还是和专业 GP 学习怎么做投资。而国内 CVC "LP 化"之后，和 GP 往往更像是夫妻关系或者婆媳关系，剪不断、理还乱。比如国内的产业背景母基金，直投比例高于 50% 的情况也很常见，远高于西方比例，对 GP 内部决策的干涉力度和控制欲望也更强，有的还在投决会有投票权甚至一票否决权。

归根结底，这其实也是东西方两种范式之间的差异。西方文化强调隔离，防范利益冲突，东方文化强调合作融入，东西方的文化差异决定了中国 CVC 的"LP 化"之路，更加考验和 GP 关系的处理艺术。

在《圣经》中，巴别塔又名通天塔，洪水过后，人们建造了巴别塔，相信可以通过它进入天堂。上帝看到后很恐慌，于是让人们分化成说不同语言的族群，因为沟通不畅，建造工程最终没能成功，因此再无力撼动上帝的权威。LP 能看到 GP 的底牌，看见别人看不见的机会，躲过别人躲不过去的坑，无疑是开启"上帝视角"的最佳方式，然而一旦处理不好，就将陷入"巴别塔困境"。

五大未来趋势

第一，中国 CVC "LP 化"进程将明显提速，原因如下：

1. 国内双 GP 模式已经被证明是一条"死路"。本来准备走双 GP 模式的 CVC 会转向直接做 LP。

2. 国内 CVC 的竞争格局。已经完成"LP 化"进程的 CVC 们在竞争势能和实际投资效果上，都明显好于未"LP 化"的 CVC 们，包括几家互联网巨头之间的竞争格局。

3. 站在历史趋势的正确一方。VC 主动性地管理未来投资行为的战略，比投什么、怎么投更重要：平庸的企业和优秀的企业，最大的差异在于战略方向的选择，一般的战略只能获得线性增长的回报。如何获得指数型增长的超额回报？"LP 化"生存，无疑是 CVC 投资历史中具有决定性意义的一个选择。

第二，中国 CVC 野蛮生长的时代结束。

3.0 时代，1.0 时代的打法已经过时。CVC 的战投部会进行更加专业的聚焦。据媒体报道，阿里战投部正在进行组织升级，并对投资项目进行全面的梳理和复盘，未来战投部的投资要更贴近业务，过去投的项目如果战略协同不大，以后会慢慢退出。根据《晚点 LatePost》的统计，2019 年腾讯参与了 72 宗交易，总金额 159.04 亿美元，2018 年腾讯参与了 92 宗交易，总金额为 356.9 亿美元。腾讯在 2019 年的投资梳理同比下降约 22%，投资金额同比下降约 55%。

以阿里、腾讯为代表的 CVC 们收缩投资数量和规模，我认为主要有两点原因，一是中国创投圈正经历"资本寒冬"；二是这些 CVC "LP 化"之后，企业战投部的直接投资有所减少，一部分可投资金已经转移到它们所投资的 GP 中，并没有和母公司"并表"，如果把这部分资金合并起来，总额未必减少，甚至有可能增加。

未来 CVC 们的"表外"资产会越来越多，有消息称，蚂蚁金服正筹备一支规模达数十亿美元的独角兽基金，蚂蚁金服出资超过 10 亿美元，外部 LP 出资约 10 亿美元，这部分 LP 大多数本身即为蚂蚁金服的股东。

第三，CVC 之间的合作将更加紧密，具体表现在：

首先，新经济 CVC 和传统经济 CVC 之间的合作。比如作为传统 CVC 代表的新希望集团，不但直接投资了作为新经济 CVC 代表的腾讯，还和腾讯一起作为 LP，共同投资了美团旗下的龙珠资本以及真格基金等 GP。目前，腾讯已与新希望集团达成了全面战略合作，将在四川打造农业与科技深度融合的产业互联网新生态，推进数字城乡建设。

其次，已经"LP 化"的 CVC 和仍在"GP 化"的 CVC 之间的合作。

比如已经"LP化"的建发新兴，投资了CVC的GP机构君联资本；已经"LP化"的北汽投资了首创创投；已经"LP化"的日照钢铁投资了复星等。

最后，国内外CVC之间的合作。国内外的CVC作为LP，共同投资GP，以这样的模式开启合作。比如国内的爱尔眼科集团和法国眼视光巨头依视路，作为LP共同投资了国内垂直于视觉科学的基金睿盟希资本；国内的七彩化学和百年化工巨头巴斯夫作为LP共同投资了国内垂直于化工领域的基金川流投资等。

第四，CVC也将遭遇募资的烦恼。

国内关于CVC的研究报告，绝大部分都认为CVC不用到LP那里去募钱，资金大多数来自其背后的母公司，不需要第三方提供资金，投资也不会受到资金期限限制，并以此作为CVC和IVC（independent venture capital，独立风险投资）的区别之一，这其实真是一个美丽的误会。以我这两年在募资市场上的所见所闻，CVC旗下的GP出来募资的比比皆是，它们也躲不过募资的烦恼，能像蚂蚁金服那样想募就能募起一只数十亿美元的独角兽基金的机构，寥寥无几。

第五，具有"中国特色"的买方顾问将逐渐发展。

这里的"中国特色"表现在：国内的机构LP市场最近几年才逐渐发展起来，有大量的非标准化诉求，和国外以捐赠基金等为代表的成熟标准化LP市场不同，需要既熟悉中国私募股权市场和国情，又具有给新兴增量LP提供咨询能力的买方顾问机构。未来一定会有很多这样的买方顾问出现。

GP 眼中的 "完美 LP"

在 2019《财富》世界 500 强榜单中，建发集团位居第 277 位，较 2018 年排名上升 85 位。建发集团 2019 年营业收入、资产总额均超过 3300 亿元，主要业务涵盖供应链运营、房地产开发、医疗健康、城市公共服务、旅游会展以及投资等领域。在投资参股诸多知名企业的同时，近年来建发集团进一步加大新兴产业投资力度，希望能成为中国 CVC 领域具有代表性的公司之一。

1972 年出生的王文怀，毕业后进入建发集团工作 20 多年，在他的眼中，建发做投资是非常自然的事情："建发公司很早就开始涉足投资领域，比如 1984 年投资了厦门航空，但早年很多是产业投资，对于科技创新型的投资，还是不太擅长。所以我们就去投 GP，做 GP 的 LP。这样能够迅速了解这些行业，了解 GP 是怎么做创业投资的。"

在探索的过程中，建发集团成立了厦门建发新兴产业股权投资有限责任公司，以自有资金的母基金平台为载体，建立了一套投资体系，投资 GP 的同时也跟投一些优秀项目。

从 2014 年至今，建发新兴先后投资了君联资本、启明创投、华兴资本、芒果文创、中金公司、康桥资本、兴业证券、川流投资、国药资本、钟鼎创投、源渡创投、通和毓承等十几家 GP，以及宁德时代、芒果 TV、康龙化成、南京微创、巴九灵等几十个项目。

在中国改革开放 40 多年的发展中，厦门并没有成为一个金融中心，也没有形成非常强的传统制造产业链，所以建发避开了传统制造业基因属性比较强的产业，最终确定了医疗健康、文娱消费和先进制造三大投资主题。

2002 年，建发集团把旗下厦华电子的手机部分卖给了联想，开始了和联想集团的接触。后来建发集团想做创投，就去考察了联想系的君联资本。君联资本的 3 个特质让建发最终成为它的 LP：

第一个特质是团队建设非常好。对于内部团队的建设，君联有一整套体系，很多年轻人在这个体系里不断成长。做企业很重要的一点是寻找可以长期合作的上下游伙伴，而一个机构要能够长期生存和发展，必须重视团队成员的成长与壮大。

第二个特质是对投后非常重视。君联有一个非常强大的投后团队，对如何给被投企业赋能做了很多详细的考虑，成立了专门的专家顾问团队，提供在市场上买不到或者没有人能够提供的服务。

君联除了年会、沙龙等活动以外，还成立了君联资本发展研究院，把投资过的有共性需求的创始人组织在一起，探讨中国企业家的创业之路。

第三个特质是企业文化调性。君联的调性跟建发的精神调性非常相符。GP 也是一家企业，企业的价值观特别重要，只有价值观正确才能长期提供优质的产品与服务，才能为产业和社会带来正向价值。

在投资实践中，建发逐渐形成了自己的 GP 投资三原则：

第一个原则，在相互了解的基础上建立的共同合作原则。市场上有很多建发未曾相识的 GP 找来，因为不熟悉和缺乏互信，往往得不到投资，但当慢慢熟悉、相互认同后，建发不但会果断投资，还会不断扩大投资额度。其实这不但是建发的投资原则，也是很多主流机构 LP 的投资原则。那些大气、坦诚和乐于分享的 GP，往往能吸引很多

LP 来参与活动，最后就会形成一个上下游很好的生态链。熟悉以后，募资就好做了。

第二个原则，只投团队之间有化学反应的 GP。好的 GP 前、中、后台应分工明晰，内部的团队有不错的激励体系，有完善的人才成长体系，还要有分享共享的意识，不让一个人把大部分利益拿走。GP 也要体系化，建立自己的核心能力，才能传承下去。

第三个原则，投资后要能跟 GP 产生良好互动。对于建发来说，做投资最重要的是为集团培育新兴产业，所以希望所投 GP 对建发能有协同和反哺效应，助力整个集团的转型发展。

同时，有 3 种 GP，建发不会投：

第一种，团队不稳定的不投。GP 的核心是团队，一些 GP 经常会放在一个大平台上面，这个大平台对 GP 的态度，以及激励模式是不是适合各 GP 团队的成长很关键，如果激励模式不到位，可能就会导致团队的分裂。

第二种，投资赛道过于分散，过度注重机会主义的不投。建发认为，经过了前一轮高速发展的创投行业，国内 GP 已经严重过剩，需要淘汰一部分不专业的机构。接下来几年，大量的 GP 会退出市场，能脱颖而出的 GP 不能什么行业都投，必须是非常专业化的。

第三种，单期基金规模超大的不投。目前国内的行业环境、专业人才的配备情况还不太能支撑单期几百亿规模的创投基金，类似基金后期都走向类母基金化，其实跟建发的定位和角色已经发生重叠。

建发的诸多优势让它成为很多 GP 眼中的"完美 LP"。

首先，自有资金充足。建发自有资金的规模比较大，在资本寒冬中这种长线资金充足的母基金最受 GP 青睐。

其次，市场化运作。建发新兴公司作为一个市场化的母基金，没有注册地和返投比例等限制，完全按照市场化来运作，不会提出额外的要求。

中金智德股权投资管理有限公司总经理单俊葆深有感触："建发是中金并购基金重要的投资人之一，拥有一支豪华的专业团队，我们在投资策略、项目投资、风险管理、投后管理等方面的交流、合作非常顺畅。更难能可贵的是，建发是国内少有的拥有长线资金、市场化运作的专业机构投资人！"

建发的理念是，创业投资的首要任务是推动和帮助被投企业成长和发展，基于 LP 自身的产业和资源为被投企业和 GP 服务，做产业链上的价值创造者；作为产业链上的 GP、LP、被投企业，都要有分享的心态；创投产业链上的合作伙伴、各方之间应该更多地沟通，建立更充分的互信和了解，为以后更顺畅的交易和合作奠定基础。

最后，投后团队用心。建发会积极主动参加所投 GP 举办的活动，并不会提很多其他的要求，反而经常在思考有什么可以帮助被投 GP 的地方，甚至会想办法帮他一起去募资。

王文怀这样解释："这几年我发现有很多团队规模精简高效的 GP，在某个垂直领域非常专注，无论是对产业的理解，还是项目的搜索，或者是帮助被投企业的发展等多方面，都非常优秀，但他们在产业研究和发现被投企业、帮助被投企业方面，本身就已经耗费了巨大的精力。作为他们的 LP 之一，我当然希望他们能够把精力更多地花费在投资上，而不是为募资耗费大量心力，所以能帮就顺手帮一下，这是两全其美的事情。建发这些年积累了很多合作伙伴，我们帮忙介绍一下，决策完全由他们自己做。"

川流投资创始合伙人时雪松对建发新兴的印象是 3 个词："专业、眼光、高效。专业是指在整个接触和推进的过程中，建发的整体流程和态度非常专业，且尊重专业；眼光是指在初次接触时，建发很早就看好新材料行业，也在寻找新材料行业的布局机会，投资配置策略与产业协同逻辑清晰，具有长远的战略眼光；高效是指面对川流投资的首期基金，从首次接触到完成出资，建发总共耗时不超过两个月，这个效率让人印象极其深刻。"

第十章　中国式家族办公室

对我国的很多家族来说，过去 30 年和未来 30 年最大的不同在于：中国过去 30 年创造了很多财富神话，但未来 30 年很多成功的家族能否延续财富，考验的是家族保全和传承财富的能力和智慧。

家族办公室的源起

回溯历史，家族可以分为 3 种：政治家族、文化家族和财富家族。一个家族就是一个朝代、延续数百年的是政治家族；数百年后继续绵延不绝的是文化家族，如孔子家族；而财富家族的传承则与此迥异，虽然江南富庶豪族也有传承几代人甚至十几代人的记载，但毕竟凤毛麟角。[①]

2000 年来，中国商人尽管创造了无数的物质文明，某些家族及商

---

① 李永昕，曾祥霞. 中国式慈善基金会 [M]. 北京：中信出版社，2018:4.

帮在某一时代也积累过惊人的私人财富，可是，他们从来没有争取到独立的经济利益和政治地位，也不能在法理上确立自己的财产所有权不容统治权力侵犯。因而，财富的可持续积累和安全性，不完全地操于拥者之手。在财富传承这一命题上，产业的拓展和资本积聚能力，远不如政商关系的保持能力重要。①

　　相比之下，西方家族的财富代际传承离不开家族办公室的蓬勃发展。西方家族办公室最早起源于古罗马时期的大"Domus"（家族主管）以及中世纪时期的大"Domo"（总管家）。在经济史上，美第奇家族是现代金融业的开山鼻祖，控制了佛罗伦萨的财富和政治，推动了艺术创造，带动了整个欧洲的文艺复兴。②

　　19 世纪中叶，第二次工业革命在北美爆发，极大地促进了生产力的提高，进而为美国实业家带来了巨额的财富积累。借助工业革命的东风完成原始资本积累的实业大亨，面对庞大的家族财富和广泛的商业和家族利益，迫切希望寻找一种切实可行的手段系统地对家族财富和利益进行保护和管理。基于此，现代意义上的家族办公室开始正式登上历史舞台。

　　1882 年，洛克菲勒家族设立了世界上第一个真正意义上的家族办公室来管理自己的家族财富。通过家族基金的资产传承，虽然再也没有出现过约翰·洛克菲勒一样的商业巨子，但洛克菲勒家族仍然在美国的政治、经济、文化、慈善等领域保持着巨大的影响力。

---

① 吴晓波. 浩荡两千年：中国企业公元前 7 世纪 –1869 年 [M]. 北京：中信出版社，2017：前言.
② 王巍. 金融可以颠覆历史：挑战世界观的金融故事 [M]. 北京：中国友谊出版公司，2013:50，56.

20世纪上半叶，控制中国政治经济命脉的蒋宋孔陈"四大家族"权倾一时，其中长期执掌国民党财政、金融大权的宋子文，被很多人誉为"金融奇才"。虽然没有正式成立家族办公室，但宋家在美国的"财富规划"仍为当时的世人所瞩目。宋氏家族拥有或控制着很多家公司，其中包括位于华尔街一号的孚中国际公司和莫诺化工公司。英美金融圈里一直有这样一个传闻，说宋子文拥有通用汽车公司或者是杜邦公司，抑或是两者的巨额股份。①

美国新生代的知名人士中，创业家戴尔、篮球之神乔丹等也聘用家族办公室帮助其管理财富。从1998年的4亿美元起步发展到如今管理资产超过130亿美元的戴尔家族办公室，成为投资型家族办公室的典范。2013年，正是戴尔家族办公室帮助戴尔寻找资金和交易伙伴，收购公司的流通股份，完成了戴尔公司的私有化。虽然戴尔公司已经风光不再，但戴尔家族办公室的经营十分成功。②

1986年微软上市时，盖茨绝大部分的财富集中于微软股票。此后，盖茨一边有纪律地减持微软，一边摸索建立个人财富管理体系。1994年，他聘请迈克尔·拉尔森掌舵家族办公室，瀑布投资由此成立。在瀑布投资的打理下，过去30年，盖茨身家翻了近290倍，盖茨基金会所拥有的捐赠资金规模也无人能及，同时也成为全球最大的家族LP之一，并且投资了弘毅投资等中国GP。

根据全球商业和金融信息提供商彭博（Bloomberg）整理的数据，

---

① [美]斯特林·西格雷夫.宋氏家族：一场历史的"华丽悲剧"[M].孙文龙，译.北京：中信出版社，2017:559.
② 建信信托"中国家族办公室"课题组.中国家族办公室[M].北京：社会科学文献出版社，2000:4.

美国集中了全球大部分的家族办公室，占比在 78% 左右，荷兰占据 12% 的市场份额，澳大利亚为 4%，亚洲新兴市场合计约占 5%。其中很多欧美的家族，已经在中国做了不错的布局，比如香奈儿家族，投资了几十个基金，大多数集中在 VC 领域。

并不存在的"家族母基金"

列支敦士登皇室家族传承了 25 代，是全欧洲最富有的家族，有着超过 900 年的历史。家族自 1920 年开始成立 LGT 银行，1998 年开始涉足另类投资领域，包括私募基金和对冲基金，已经成为全球最大的另类资产基金管理公司之一，管理超过 600 亿美元的资产。在漫长的发展历程中，这个家族选择了母基金作为传承载体，以长期、稳健、分散的投资策略开启了 LGT 集团长盛不衰的历史篇章，并在全球资产配置中取得了诸多业绩和成就。

LGT 是红杉、赛富、春华、愉悦、高榕等知名机构的第一批投资机构，也是这些基金顾问委员会中最重要的 LP 或者最大 LP。另外，LGT 也是中国本土 LP 的"首选合作伙伴"，担任社保基金、中国人寿、泰康人寿、中国平安等机构的投资咨询顾问。

由于家族办公室和母基金有一些类似，所以在中国投资行业中，有些人把 LGT 叫作"家族母基金"。富煜亚洲投资总裁如亭佑认为，家族办公室与母基金有一些根本的区别：

首先，家族办公室做的是"定制化产品与服务"。家族办公室的核心价值是保持与家族利益一致、专注于家族个性化要求并对家族信息高度保密。母基金做的是"标准化产品"。市场化母基金的策略与方向是确定的，投哪些基金与项目由基金管理人决定，因此两者的从业人员配置和能力要求都大不相同。

其次，市场化母基金的资金是募集来的，是基金管理人依据 GP 的基金策略与专业判断投资基金，为 LP 获取超额回报，并得到超额回报的业绩奖励；单一家族办公室是"资产拥有者"，投资基金只是他们资产配置的方式之一。对于家族办公室而言，不能因为它投了多个基金就叫它母基金。所以就单一家族办公室而言，应该不会自称为"家族母基金"。

如果从母基金狭义的概念来说，姒总的说法是完全正确的；如果从母基金广义的概念来说，单一家族办公室作为一类重要的 LP，也可以看作是母基金的一个种类。目前一些媒体和投资机构也会采用"家族母基金"的名称，这一相对混乱的现状也提醒我们：中国母基金行业的发展还处于相对早期，即使对"母基金"这个概念，有些时候也难以达成一致。

目前中国主要有 4 类本土化的家族办公室：

第一类是由主流金融机构设立的私人银行部或家族办公室。如建设银行、招商银行、平安银行和一些信托公司等，已经开始提供家族办公室服务，以更好地满足超高净值家族客户的需求。

第二类是由家族自己创办的家族办公室。比如成立于 2014 年的蓝池资本（Blue Pool Capital），便是由马云以及阿里巴巴的核心创始人蔡崇信等联合设立的，投资方式参考了美国的耶鲁大学基金运作模式，主要致力于长期投资，投资方向为对冲基金、医疗健康、人工智能、大数据云计算等领域。

第三类是由第三方财富管理公司创办的家族办公室。2013 年，歌斐家族办公室签下首单业务，时至今日已经发展成了"全权委托、传承基金、定制专户、合资单家族办公室、多家族办公室、增值服务、赋能式直投"这样一条完整的"近百亿资产管理规模"的业务链条。

第四类是由国内外的金融专业人士设立的。这些金融专业人士中的一些之前在国内外的家族办公室工作过，因此在一些家族资金的支持下建立了自己品牌的家族办公室，也有一些是完全由创始人独立出资设立的。

经过百年以上的沉淀和积累，国外家族办公室模式已非常成熟，基本都是专业的管理团队。因为资金是受委托管理的，所以资产管理人对于投资建议前的投资流程、风控体系非常严谨。

国内的家族办公室仍处于起步阶段，尽管已经有几百家名称叫"家族办公室"的服务机构，但与单一家族办公室相比，两者在性质与做的事上都不太一样。市场上所谓的家族办公室大多都是渠道模式，提供的是一个交易平台，主要赚取手续费，很多机构的配置能力水平还有待提高。

长青基金的"无限游戏"

几年前，我去上海见一位美元基金合伙人出身的资深投资人，他认为中国很多优秀的公司上市之后还拥有巨大的增长空间，可苦于基金的期限不得不尽快退出，因此他准备募集一只长青基金，但募资过程却颇为不顺，因为人民币 LP 投资长青基金的可能性微乎其微。

顶级家族的永续"长钱"，一直让国内 GP 望眼欲穿。随着国内家族办公室的兴起和在私募股权领域加大配置，国内长青基金的募资有了一丝微小的希望。

2013 年，龙湖集团创始人吴亚军成立的双湖资本（WU CAPITAL），成为国内长青基金的代表，双湖资本可能是国内真正意义上的第一家单一家族办公室。双湖资本的团队配置堪称豪华，大多来自成熟投资机构或出身于产业；资产类别上覆盖了母基金、二级市场和直投；投资领域围绕高科技、大消费、教育和医疗健康等方向展开。

成立 7 年来，双湖资本已投基金超过 100 个，包括红杉中国、凯雷中国、高瓴资本、晨兴资本、今日资本、纪源资本、博裕资本、蓝驰创投、弘晖资本、真格基金、真成投资、源码资本、元璟资本、晨山资本、天岑投资、长岭资本等多家国内管理机构以及 Silver Lake、DFJ、True Ventures、Thoma Bravo、General Catalyst 等国外管理机构，并成为多家欧美顶尖基金的唯一国内 LP。

国内最接近长青基金形态的是高瓴资本，创始人张磊强调"超长期"投资是他的信念：一是只要是有价值的投资都可以做，理论上并不限于二级、一级、并购基金等；二是希望从早期、中期、晚期、上市乃至上市后一直持有所投公司，而非投一个 IPO，上市后卖掉，再继续寻找。

今日资本第一期基金的存续期是 12 年，目前这一期基金的存续期是 28 年，背后的 LP 主要是美国的捐赠基金和家族资本，而双湖资本正是高瓴资本和今日资本的背后大 LP 之一。

对于基金运营，相对于普通的基金，GP 可以长期专注于长青基金的价值创造。没有不断募资的压力，当然也规避了募资过程中的诸多烦琐的事务性工作，所以可以专注于投资本身。同时，没有退出期限的压力，特别是出售资产以满足短期投资期限的压力。

比如海纳亚洲（SIG），所有投资的基金都来源于其美国母公司，所以它们不需要向 LP 募资，所以在以 500 万美元的估值投了今日头条的天使轮之后一直持有，现在今日头条的母公司字节跳动的估值已近千亿美元，等到它上市后 SIG 也因此将获得几百亿美元的巨额回报，如果在上市后继续持有，后续股价一旦上涨，收益将更加可观，显然这场没有时间限制的"无限游戏"，回报也是"无限的"。

尽管长青基金有很多优点，但全球范围的长青基金很少见，因为其占比低，规模小，并不是主流的私募股权基金结构。国内长青基金的土壤也还远未成熟，主要原因如下：

一是长期资本尚未成熟，这是最根本原因，没有足够有耐心 LP 的长钱。国内有的长青基金基本上也是美元或者外币，主要 LP 也是以上类型在背后支持。极少有 LP 愿意把钱长期托付给第三方，只有非常优质、管理数额巨大的机构才可能成为长青基金 LP，在国外一般是学校捐赠基金、退休养老金、家族基金等。所以，目前国内基金主流是固定期限基金，对更多的 LP 投资方来说该方式更灵活、更能够接受。

二是缺少有超长期投资哲学并有历史业绩的 GP。能力最核心的体现就是业绩，能募到多长的钱，取决于投资业绩能不能吸引到长期投资人。有长期好的业绩支撑，才能够维持跟长期客户的关系。

三是监管体制，税收政策。

其实"长青"严格意义上并不是对于期限的定义，更多的是体现"长期主义"的理念，而长青基金则是这种理念的实践和展现形式。投资理念就像武林门派一样，你可以练金钟罩、铁布衫，可以快进快出，也可以练轻功，不同的流派都可以是武林高手，不一定非要进这个流派。这跟 GP 自己的经历、投资哲学都相关。

中国家族办公室何处去

受各地区文化、政治和经济环境的影响，不同地区家族办公室的侧重各有不同，但是家族办公室整个行业的发展仍然表现出一些特定的趋势：

首先是单一家族办公室向联合家族办公室转变。这一趋势主要是由于联合家族办公室门槛相对较低，并且更具规模效益，同时各家族还能通过联合家族办公室共享服务平台、投资团队等，以降低运营成本。

其次是资产配置日益全球化以获得更安全的回报。全球各区域发展并不均衡，这也意味着投资收益选择范围的拓宽，可以选择其他区域进行投资，有效地降低单一市场的系统性风险，回避单一市场的周期变化，获得更安全、更高的回报。

再次是投资方向向均衡性、多行业发展。为了保证家族资产的传承和流动性，家族办公室在主业之外的投资趋向均衡性、多行业发展，投资方式以保障流动性为主，包括股票、债券的投资。

然后是更加重视针对女性客户的服务。女性掌握着全球管理资产的 1/4，而在北美这一比例高达 1/3，在接下来的 40 年里，41 万亿美元将通过代际财富转移，由女性继承 70% 的份额。

最后是新兴市场的家族投资向美国集聚。出现这种趋势的主要原因有两个：一是优秀的基金管理人才在向美国集聚；二是人们普遍预期美元和美国市场是比较稳定的，而新兴市场风险相对偏高，包括外汇变动的风险以及国内政治风险。①

中国家族二代的投资大致可以分为 3 种模式：

第一种模式，做项目。很多家族二代不愿意接班家族传统企业，在"双创"大潮来临后选择在自己喜欢的领域创业。

第二种模式，做 GP。现在国内很多企业由于内部传承的问题以及产业升级的种种挑战，都在考虑把控股股权卖掉，而很多家族二代更乐于涉足金融做投资，将资金转投金融市场，有的二代已经成立了独立的投资机构，还有一些二代选择在接管家族企业的同时，成立投资公司进行资本运作，或者作为 LP 投资一些专业的 GP。

第三种模式，做 LP。目前有些家族二代已经开始选择做 LP，分散投资风险，有些也在利用母基金模式去布局自己家族的战略领域。比如娃哈哈董事长宗庆后之女宗馥莉，成立了瑾汇投资，成为鼎晖投资、真格基金、中金资本、高榕资本等机构的 LP。

2019 年，海底捞老板张勇、舒萍夫妇，被福布斯评为新加坡首富，当时身家近千亿元。胡润发布的 2020 全球富豪榜上，张勇、舒萍夫妇以 1120 亿元财富位列全球第 82 强。海底捞联合创始人舒萍已经

① 建信信托"中国家族办公室"课题组 . 中国家族办公室 [M]. 北京：社会科学文献出版社，2016:33−35.

在新加坡设立了一个家族办公室，以帮助管理她的巨大财富。其实海底捞通过旗下投资公司，早已对外投资了不少 GP，包括鼎晖投资、云锋基金、景林投资、红杉资本、钟鼎资本、曦域资本等。

　　未来随着中国经济的持续发展以及家族代际交接高峰的到来，中国家族 LP，一定会是私募股权 LP 市场中一股重要的增量。

第十一章　"水下 LP"的萌芽

在中国机构 LP 市场中，有一类 LP 并不像政府引导基金、市场化母基金等那么受人关注，甚至很多 GP 并没有意识到它们的存在，我们把这些 LP 叫作"水下 LP"，主要包括头部 GP 成立的母基金、慈善基金会、大学基金会和民主党派等。

中国慈善基金会任重道远

在欧美，利用慈善基金会做慈善并传承家族财富的做法由来已久。现代意义上的慈善捐赠文化和制度起源于 400 多年前的英国。英国的捐赠文化随着殖民活动一起在北美落地生根。据美国国家慈善统计中心的数据，1950 年美国共有 5 万个非营利组织，而到 2019 年，在美国注册的非营利组织已经超过了 150 万个。美国非营利组织中有近 1140 万名工作人员，是美国的第三大产业。

在美国，按照不同的标准，基金会有多种分类的方法。其中，较为权威的分类主要有两种：美国基金会中心将基金会分为独立基金会、公司基金会、运作型基金会和社区基金会四类；而根据美国联邦税法的规定，美国的免税组织可分为私人基金会和公共慈善组织两大类。

独立基金会是美国历史最悠久的基金会模式，主要是由个人或者家族捐赠或者遗赠的形式设立，所以该基金会投资方向主要由个人或者家族决定。一般受家族决定的独立基金会也被称为家族基金会，其主要运作方式是利用所获得的赠款分配给公共公益机构来创造公益价值。目前美国独立基金会中较大的基金会有卡耐基基金会和福特基金会等。

公司基金会大多由企业捐赠，但基金会本身作为独立机构运作，且主要由基金董事会来做投资决定。目前美国公司基金会中较大的基金会有美国运通基金会、摩根大通银行基金会和菲利斯摩里斯烟草公司基金会等。

其实美国的慈善基金会跟中国的渊源颇深。

1921 年，美国洛克菲勒基金会按照美国约翰·霍普金斯医院的模式，建立了北京协和医学院附属医院，这也是协和医院的前身。

美国《时代周刊》记载："从 1913 年 5 月开始的 10 年内，洛克菲勒基金会花费了将近 8000 万美元，其中最大的一笔礼物是给了北京协和医学院。截止到那时，用于协和的共计 1000 万美元，比用于约翰·霍普金斯大学的 700 万美元还多。据 1956 年的统计，最终，基金会为打造北京协和医学院及协和医院的总计投入超过了 4800 万美元。"

进入 21 世纪以后，很多欧美慈善基金会也是中国美元基金重要的机构 LP 之一，比如弘毅投资背后的 LP 就包括盖茨基金会和斯坦福大学基金等全球著名慈善基金会和大学基金会。

2016 年出台的《中华人民共和国慈善法》具有里程碑的意义，开启了我国慈善投资的新阶段。根据基金会中心网的统计，截至 2018 年 8 月，中国的基金会已经有 6877 家，较为知名的大型基金会有河仁慈善基金会、腾讯基金会、阿里巴巴公益基金会、壹基金等，但与美国基金会相对比，规模还是偏小。

从投资角度来看，不难发现美国公益基金会的投资渠道相对更多一些。除了传统的股票和债券类投资外，美国公益基金会还可以投资私募股权以及金融产品，使得整体投资相对多样化，且分散投资风险。而中国公益基金会的投资渠道就要相对少很多，大部分资金用于投资结构性理财金融产品，只有很少一部分投资到私募股权行业。

2018 年 11 月，民政部发布《慈善组织保值增值投资活动管理暂行办法》，进一步规范了慈善组织的投资活动，允许慈善组织将财产委托给基金公司等专业投资机构进行投资，有助于慈善事业和基金行业形成良性互动，从而迈出了长期资金入市的关键一步，对慈善事业的可持续发展，以及慈善基金会作为机构 LP 开启规模化投资都具有重要意义。在国家政策不断引导专业的机构投资人进入私募股权投资的今天，借助新规的出台，相信在不久的未来，慈善基金将会成为又一支 LP 的"生力军"。

大学基金会的萌芽

为了缓解新冠病毒疫情对经济的影响，美国政府推行了大规模的刺激计划，其中一项是 140 亿美元的高等教育拨款，用于支持因疫情关闭校园、向学生退还食宿费用、失去部分其他收入来源的高校。美国总统特朗普 2020 年 4 月表示，他将要求部分大型企业和机构归还新冠病毒刺激计划的资金，其中包括哈佛大学获得的 860 万美元疫情拨款。

引起争议的原因，很大程度上是哈佛大学被评为世界上最富有的大学，其捐赠基金价值约 400 亿美元，同时也是世界上最大的捐赠基金 LP 之一。哈佛管理公司成立于 1974 年，是直属于哈佛大学的具有独立法人资格的公司。为了能让哈佛大学的投资创造更多的回报，公司不惜高薪聘请专业人员对资本进行运作。美国监管部门文件显示，2018 年 5 月中旬，哈佛大学捐赠基金第一季度买入了苹果、微软和谷歌母公司 Alphabet 的股份。

除了哈佛大学，还有很多美国大学的捐赠基金将私募股权玩得风生水起。美国的大学捐赠基金一般由大学自己管理或委托外部专业投资机构管理。如果是大学自己管理，大学会派出一个投资委员会负责捐赠基金的投资决策，如耶鲁大学，就是由自己管理捐赠基金的投资运作。大卫·史文森是耶鲁大学基金会首席投资官，在他领导的 20 多年里，创造了近 17% 的年均回报率，在同行中无人能及，耶鲁大学捐赠基金也因此被称为 LP 之中的"王者"。[①]

其实无论在东方还是西方，由私人或机构筹集资金资助教育的传统都源远流长。早在公元前古希腊就出现了由柏拉图捐建的"柏拉图学院"。在中世纪之后，利用捐赠的财物来维持修道院、大学、医院和其他慈善机构的运转，逐渐成为西方社会的一种传统。

---

① [美] 大卫·F. 史文森. 机构投资的创新之路 [M]. 张磊，等译，北京：中国人民大学出版社，2015：1。

在中国，千年前就有捐资助学的风尚，有所谓的"学田"制度，即将田地捐赠给公立或私立的学校，学校将田地出租以获得收益，并以此收益补贴办学的费用。比如宋仁宗就十分重视教育，在庆历年间，先后下诏各州兴办州学，赐给学田作为办学经费来源，史称"庆历兴学"。

西方社会发展到今天，包括大学捐赠基金在内的私人基金会已成为国际金融市场中最重要和最成功的机构投资者之一。以美国为例，公立大学会成立专门的大学教育基金会（foundation），私立大学则大多以捐赠基金（endownment）的形式运营。

在中国不断增长的慈善力量中，大学基金会作为一支新兴的力量，虽然仍处于萌芽阶段，但发展势头同样不容忽视。

我国高等教育基金会的开端可以追溯到 1994 年清华大学教育基金会的率先成立。直到 2004 年，国务院常务会议通过《基金会管理条例》，在法律层面上为高校建立教育基金会提供了依据，高校的教育基金会才逐步进入了成长阶段。截至 2017 年 12 月，中国社会组织网统计数据显示，全国社会组织共计 762053 个，其中基金会 6073 家，包括大学教育基金会 527 家，占所有基金会的 8.68%。

2012 年至 2015 年，413 家大学教育基金会的净资产翻了一番，达到 300 亿元量级，发展趋势不容小觑。照此增长速度，5 至 8 年时间大学教育基金或可达到接近千亿元规模。①

虽然中国大学基金会的发展尚处在初级阶段，但也逐步开始出现

---

① 《中国大学教育基金会发展报告》编写组.中国大学教育基金会发展报告（2018）[R].北京：社会科学文献出版社，2018:11.

一些比较优秀的高校基金 LP，如清华大学教育基金会、同济校友基金和浙大未来母基金等。

目前，清华大学教育基金会的资产总量近 80 亿元，是我国目前持有资产总量最多的基金会之一，远超过绝大多数企业基金会和有政府背景的基金会。2009 年，启迪创投与清华大学教育基金会签约，成为国内首家获得大学捐赠基金注资的创投机构，启迪创投也顺势成为首个国内大学基金会控股的风险投资基金公司。

清华大学教育基金会近年来已投资 20 多家投资机构，包括鼎晖投资、高瓴资本、弘毅投资、清科母基金、红点中国、中信产业基金、愉悦资本、华控基金、曜为资本、科桥投资、荷塘创投、清控银杏、英诺天使基金、兴旺投资、源渡创投、同渡资本、泰有基金、美锦投资、鼎一投资、三益投资、和君资本、华泰证券、财达证券、道口财富等。

除了直接投资 GP，清华大学教育基金会还有一个和资本密不可分，且最有影响力的项目——苏世民书院。2013 年 4 月，美国黑石集团创始人苏世民先生以个人名义捐赠 1 亿美元，在清华大学创立奖学金项目，每年资助来自世界各地的约 200 名学生在清华大学攻读为期一年的硕士学位，该项目已经募集到了 4 亿多美元。

北京大学教育基金会近年来已投资鼎晖投资、方正和生、分享投资、考拉基金、蓝图创投、松禾资本、招商致远资本、中信建投资本等 GP。

2017 年 5 月，同济校友基金由同济大学校友会、同济大学教育发展基金和同济校友联合发起。作为一只独立注册、市场化运作的私募

股权投资母基金，首期基金规模控制在 5 亿元，不接受社会资本，其
中来自同济大学教育发展基金的投资将占基金规模的 20%，另 80% 的
投资来自积极参与并认同本基金价值观的部分校友，已投资创业接力
基金、高瓴资本、红杉中国、戈壁创投、礼来亚洲基金、华兴新经济
基金、元生创投、盛山资产、源码资本等 GP。

上海交通大学教育发展基金会已投资君联资本、达泰资本、飞马
旅、红杉中国、金沙江创投、联新资本、六禾投资、青松基金等 GP。

2017 年 5 月，浙大未来创投由浙江大学、浙江省、杭州未来科技
城、杭州银行共同推动成立，注册资本 1 亿元。浙大未来创投背靠海
内外 60 万浙江大学校友，吸引成功企业和校友的资源支持，通过投
资子基金和直投项目方式，挖掘与培养优秀校友创业企业进入资本市
场；未来收益将回馈母校，实现浙江大学校友创业生态圈的良性循环。

最近几年随着像浙大未来这一类具有高校背景的母基金的出现，
大学捐赠基金的模式似乎有所突破，但与美国动辄超过 30 年历史的高
校捐赠基金相比，大部分高校还处于"少年期"，能够自主运作捐赠基
金的团队仍属少数。我国排名前 10 的高校基金会资金总量在 200 亿元
以上，如何实现高校基金会资产的保值增值，如何实现高校基金会的
去行政化，是我国高校基金会需要研究的重要课题。[①]

通过多年捐赠基金发展的经验来看，一方面，由于历史发展因
素，中国大学自身商业化进程并不顺利，在过去 20 年中，一些具有大
学机构背景的企业都已经倒闭；另一方面，由于没有把商业与非商业

---

① 李永昕，曾祥霞 . 中国式慈善基金会 [M]. 北京：中信出版社，2018:44.

的界限明确化，一些大学捐赠基金的管理者也是其业务经理，而这样的模式在美国众高校已经被验证走不通，尤其在投资领域这样"投资人"起决定性作用的行业之中，专业性起着决定性因素。

业界普遍认为：大学捐赠基金需要有专业人才来管理，而非被当作行政化的任务。让教研回归教研，投资回归投资，让大学捐赠基金专业化是第一要务。而无论是市场运作型、海外拓展型还是特定行业型教育基金，都必须在运营层面和监管层面有所创新，才能盘活大学捐赠基金的资源，非落地不能进步。

与筹资相比，投资一直是我国大学教育基金会的短板，其原因大致有 3 个方面：一是制度不完善，投资流程与风险控制及容错机制不明确；二是资产管理团队专业性不足，保值增值办法不多；三是激励机制不健全，权责利模糊。因此，大多数大学教育基金会选择了低风险或者零风险同时较低收益的投资项目。[①]

中国的教育基金会要在学习美国顶级名校教育基金会先进经验的同时，琢磨出一条具有中国特色的道路，应从以下几个方面着眼：

第一，"打铁还需自身硬"，高校要努力培养出优秀学生，不但要在学生在校期间关心他们，更要在学生毕业后积极为他们的发展谋福利。学生在社会上有了成就，才能反哺学校。

例如深圳大学培养出了马化腾、史玉柱这样的优秀校友，后来深圳大学成立教育发展基金会的第一年就筹集到 2 亿多元善款。2017 年高瓴资本集团创始人兼首席执行官张磊向母校中国人民大学捐赠 3 亿

[①] 《中国大学教育基金会发展报告》编写组 . 中国大学教育基金会发展报告（2018）[R]. 北京：社会科学文献出版社，2018:26.

元，设立"中国人民大学高瓴高礼教育发展基金"。同年 5 月，由浙大校友成立的上海遂真投资管理有限公司，捐赠成立"浙江大学教育基金会遂真教育发展基金"，向母校共计捐赠 11 亿元，打破了电子科技大学校友熊新翔创造的向母校捐款 10.3 亿元的纪录，成为国内高校获赠的最大单笔捐款。

另外，校友工作的重点不应当仅仅在于面向知名校友，调动尽可能多的校友参与母校的建设，才是校友工作的终极目标。

第二，要重视募捐工作，不要只等到"百年校庆"等重大时间节点才想起来募资，募资应该长期化、系统化。但国内高校一般只在逢十或者逢百的校庆年方能获得比较大范围的校友捐赠，平时的捐赠来源一般仅限于少数富豪校友。而美国许多高校的年平均捐赠率一般在 20% 以上，一些高校甚至高达 60%，与欧美国家相比，我国校友的捐赠率很低，仍有很大的提升空间。

第三，要重视基金会治理结构的合理化以及透明化建设。信息披露是基金会外部治理的重要机制，基金会的透明度是决定基金会能否长远发展的重要因素，但笔者在查询高校的网站时发现，除清华大学较为全面地披露了基金会章程、审计报告和年度工作报告外，其余高校一般仅披露基金会章程，其他事项披露不完全。[①]

第四，要关注资产的保值增值，积极引进优秀的投资界人才。美国耶鲁大学教育基金会，于 1985 年开始由大卫·史文森领导，他担任耶鲁大学的首席投资官近 30 年，把 10 亿美元的资产变成几百亿美元。

[①] 尤玉军. 中国高校基金会治理结构：理论与实践 [M]. 北京：人民出版社，2018:252.

如果中国的大学基金会能请到高瓴资本张磊这样的顶级投资人担任首席投资官，一定也能创造中国版的"耶鲁奇迹"。

目前中国大学教育基金会还处于萌芽阶段，作为机构 LP 的一种，还远未像欧美那样成熟，但国内的 GP 们也应该早做准备，积极联络沟通，未来大学教育基金会一定会"浮出水面"，而不只是作为"水下 LP"静默无闻。

头部 GP 的母基金化

光尘资本合伙人耿希玉具有多个项目上市并退出的投资经验，兼具 GP 及 LP 视角。耿希玉认为，国内股权投资市场正在酝酿着一场新变化——红杉、IDG、深创投等头部 GP 纷纷布局母基金。

目前一线 GP 的资产管理余额，马上就要逼近需要牌照才能进入的资管机构水平。中国最大的 20 家 GP，只要在未来几年内持续扩大资产管理规模（AUM），在体量上已经可以和牌照资管机构相匹敌，甚至自己就可以申请相关资质，成为可以配置全品类资产的平台公司，从而实现从民间金融到牌照金融的"龙门之跃"。这并不是臆测，至少深创投和弘毅投资就已经拿到公募基金牌照。

而怎么才能扩大资产管理规模？最好的方式当然是做母基金。

首先，以中央和地方政府、国有企业、国有金融机构为代表的国有资本正在大量进入一级市场参与投资，需要高效专业的管理人对资金实施管理。加上由于国有背景的 LP 往往有对高合规性、风险厌恶、产业扶持属性等的诉求，所以有资格接纳国有资本的大概率都是一线

GP，这就为这些机构的母基金化提供了丰富的资金基础。同时因为母—子基金的多重结构可以在规划上直观地对政府资金实现杠杆放大，所以受到国资 LP 们的偏爱。

其次中国投资市场上的头部 GP 们，尽管在赛道上基本实现了全覆盖，培养出很多优秀的管理人团队，但是与此同时，一些细分领域（医药、新材料等）由于存在较高的认知壁垒，资源只掌握在少数"专家投资人"手中，因此形成了很多小而美的专业子基金，一线 GP 出于自身战略布局的考虑也有需求把这些子基金"收编"。

而且从募资策略上看，一线 GP 直接基于这些细分领域发行新基金，想做到较大规模是存在困难的，也很难说服 LP 某个垂直市场可以承受如此巨量资金的冲击。故相比于单只母基金可以轻松达到的百亿级体量份额，针对某一细分行业募集一支超过百亿的直投基金则不太现实。

另外，随着一线 GP 与产业资本的合作越来越密切，源于产业资本对股权投资的意愿逐渐增强，主要是做产业链延伸型投资和防御型投资。这种投资的标的通常不会选择独立上市从而实现投资人的退出通道，因此通过子基金（SPV）投资，未来便于投资人进行股权转让退出，同时可以保持项目端股东的相对稳定，这也给产业资本和投资机构在母基金层面合作奠定了基础。

所以除了放大管理规模，利用自身的品牌的优势来吸附资源外，一线基金天然会选择 FOF 这一品类来降低因 AUM 过大、机构化程度太深而带来的较高管理边际成本，例如：

1. 头部机构可以相对容易地募集到资金，但不妨让更专业、更垂直的团队来帮我深挖赛道，从而节省聘请顶尖产业人才的费用。

2. 如果机构内部有多只行业垂直基金需要募集，则自身母基金的存在是对各只基金的募资的一个很好补充。

3. 管理一只母基金所需付出的人力成本和决策压力要小于一只同体量的直投基金，同时可进一步分散投资风险。

4. 自我LP角色的确立，使得一线GP内部团队想要独立单干的团队获得了初始资本并且保全了老东家的面子。

5. 母基金投资策略灵活，可以布局LP、直投、跟投等多种投资手段，为日后全品类资产配置打下基础，甚至可以对机构内部的资产形成二手份额的流动性。

6. 通过布局早期专精于某一领域的GP，一线机构可以在明星项目投资份额的争抢中获得更强的先发优势和信息优势。

那还有什么理由不迈出做母基金的第一步呢？

耿希玉认为，如果上面的设想成真，也许10年后的中国股权投资行业将是另外一番景象：由头部GP进化成的资产管理公司，跳出了股权投资这个小世界，向股票、债券、资产证券化、房地产、基础设施建设、金融衍生品、对冲基金进发，利用自身的市场化优势实现超额收益，做到了像今天美元专业LP那样的全品类资产配置；而在布局早期项目和风险投资的，则是一批对细分行业理解深入、管理规模适中的优秀管理人；但那种在管理规模上无法实现突破，投资领域宽泛而无法形成聚焦的GP会逐渐丧失存在的意义。

第三部分

专业化生存

日本著名管理学家大前研一提出，真正的专家必须具备四种能力：先见能力、构思能力、讨论的能力和适应矛盾的能力。从 2017 年开始，中国母基金行业进入了专业化发展的"元年"，一些不专业的投资机构也将被逐步淘汰。

　　未来什么样的投资机构能够继续发展壮大？一定是具备先见能力，具有大视野、大格局的投资机构；一定是具有构思能力，能够不断进行创新的投资机构；一定是具有讨论的能力，不断听取意见、取长补短、自我进化的投资机构；一定是具有适应矛盾的能力，能够适应资本寒冬带来的募资难，并且迎难而上的投资机构。

第十二章　母基金大视野

"对于过往的 10 年（2008—2018），如果用一个词来形容，您的答案是什么？""水大鱼大。"北京大学国家发展研究院教授周其仁的回答，只用了 4 个字。也是在这 10 年里，中国公司开展了激进的跨国并购历程，它们买下了欧洲最大的机器人公司、曼哈顿最豪华的五星级酒店、好莱坞的连锁影院、比利时的保险公司和日本的电器企业，还在世界各个重要的枢纽地带拥有了起码 30 个港口和集装箱码头。[①]

私募股权：从"另类"到"主流"

大水之中，必有大鱼。私募股权行业就是这 10 年中成长起来的大鱼之一。

私募股权被习惯性地归类为"另类"投资，就在数十年之前，私

---

① 吴晓波. 激荡十年，水大鱼大：中国企业 2008-2018[M]. 北京：中信出版社，2018：序.

募基金在金融市场上只占据了一个又小又黑的角落，鲜有人听说，也很少有人关注。但行业在 2015 年之后的爆发，无论是所募资本额还是私募基金自身的数量，都称得上出人意料。援引众多观察家的看法，此次迅猛的增长标志着"另类资产"的称号不再适用于私募行业。[①]

全球私募市场在 2008—2018 年的增长着实令人印象深刻，各类私募投资的总资产管理规模在 2019 年增长 10%，再创新高。2016 年，1000 亿美元的愿景基金横空出世，震撼了全球投资行业，刷新了人们的认知。2018 年，高瓴资本募集了高达 106 亿美元的新基金，打破了另一家老牌基金 KKR 创下的亚洲地区单只基金 93 亿美元的募资纪录，而高瓴资本正在募集的一期新的美元基金目标规模高达 130 亿美元！

与私募股权投资的发展相对应的是中国财富总量的增长。根据诺亚财富联合清华大学发布的《2018 中国高净值人群财富白皮书》，九成以上的中国高净值人士都配置了新经济领域的私募股权投资，私募股权正从"另类投资"变为"主流投资"，成为资产配置的方向和趋势。

随着私募股权交易金额屡创新高，部分天价交易不可避免地引起了媒体和政府监管者的注意。而其对经济和普通人的影响正逐渐增强，私募股权行业也越来越走进公众视野。

投资 GP，科学、艺术还是运气？

鲁宾斯坦在其《投资思想史》一书中将投资思想起源的火花直接

---

① ［美］贝努瓦·列勒瑟斯，汉斯·范·塞维，埃斯梅拉达·梅加里 . 私募股权4.0：从"另类"到"主流"的投资指南 [M]. 陈丽芳，蔡笑，译 . 北京：机械工业出版社，2018:3.

投射到了 1202 年欧洲文艺复兴时期斐波那契的《算经》①，但公认的可量化现代投资组合理论起始于马科维茨，他于 1952 年在《金融学期刊》发表《资产组合选择》一文，提出了现代投资组合的基本模型，从而开创了一个全新的时代：量化投资。很多人认为马科维茨对人类的贡献甚至可以与瓦特发明蒸汽机、哥伦布发现新大陆、牛顿发现万有引力定律等成就相媲美，他也因此获得了 1990 年诺贝尔经济学奖。

在量化交易中，周期的因素十分重要，苏联学者康德拉季耶夫提出了以科学技术为驱动的 60 年长经济周期"康德拉季耶夫周期"，简称"康波理论"。已故的中信建投首席经济学家周金涛先生，就是中国康德拉季耶夫周期理论研究的开拓者，他有一句名言是"人生就是一场康波"。②

尽管量化投资理念风靡一时，但私募基金比其他金融资产更难追踪和分析，只出于一个简单的原因——"私募"。与需要相对强烈的监管和严格的披露要求的公开上市公司和金融机构不同，大多数私募基金没有法律要求披露能够揭示其业绩的信息，哪怕是接受它们投资的公司。这种信息不足的情况存在于所有国家，但由于新兴市场私募基金的历史非常短暂，这种情况更加显著。

举例而言，在 21 世纪初，几乎没有定量数据迹象存在，这将使在新兴市场筹集和投资的私募基金资本的金额格外耀眼，更不用说个别基金的表现。即使在今天，也很难将新兴市场私募基金投资者产生

---

① [美] 马克·鲁宾斯坦. 投资思想史（典藏版）[M]. 张俊生，曾亚敏，译. 北京：机械工业出版社，2018:2.
② 周金涛，等. 涛动周期论：经济周期决定人生财富命运 [M]. 北京：机械工业出版社，2017:3.

的收益与发达国家的同一资产类别进行比较。虽然很多私募基金和风险投资行业协会以及其他私募研究公司已经开始编译关于资产类别的有用信息，但它们之间存在明显的方法差异，导致报告的内容和方法产生重大差异。[①]

任何一类投资达到一定量级时，都绕不开一个核心话题——投资组合管理。一个百亿规模的母基金，如何科学地配置不同类型的 GP，都不是随意的决定。

当然这个时候，就显示出了一个优秀母基金数据管理系统的重要性。这也是为什么知名美元 FOF 机构都会有自己的 IT 数据系统，用来存储和分析全球大量的已投 GP 和底层项目。

《私募股权 LP》一书的作者杨幸鑫认为，中国的 LP 还处于初级发展阶段，缺少股票市场各种成熟的量化分析模型，因此私募股权市场做量化分析非常困难，除了数据获取的难度，方法本身也存在适用性问题。主要原因有两个：

一是私密性。私募股权行业的数据私密度非常高，在 GP 层面，目前公开资料上能找到的数据库，离真实的投资业绩数据还有很大距离。

二是离散性。LP 投资 GP 这种另类投资的回报具有很强的离散特性，不同于固定收益和股票投资，业绩排名前 25% 的基金和后 25% 的基金差别非常大。所以，GP 高度分散的收益更要求 LP 具备选取优秀基金的能力。

---

① [美] 罗杰·利兹, 纳迪亚·萨特莫西. 私募崛起: 价值创造的另一片蓝海 [M]. 韩复龄, 译. 北京: 机械工业出版社, 2017:7-8.

为了克服这些困难，他希望通过在现有的公开资料基础之上，借助全球顶尖另类投资公司的数据平台，在严格遵守 GP 数据的保密性要求下，开创性地进行实证量化分析，希望得出一些有实际意义的结论，以求能抛砖引玉，对 LP 投资提供参考建议。

与国内相比，国外著名投资机构在数据方面的实力非常强大。全球私募市场投资机构行健资本，管理超过 1200 亿美元私募资本的投资分配，已经建立起大数据优势。行健资本合伙人苏维洲表示："行健资本除了投资团队，还有庞大的数据管理团队支持。这个数据库能够随着市场的变化而变化，对几万家企业、几千名基金管理人进行持续跟踪，对投资情况进行汇总分析，最终向客户提供精准的投资动向报告。"

作为一家目前管理着约 580 亿美元的 LP，汉领资本后台数据库近 30 年来积累了 4100 家基金、1 万家公司的数据。4.6 万亿美元投资额的庞大数据，也是汉领资本独特的竞争优势。

汉领资本董事总经理夏明晨表示："汉领资本的数据起始于基金从第一天开始的现金流，贯穿基金把钱付出去、投资、钱收回来的整个流程。有现金流以后，账上的估值、基金的所有的指标都能算出来。此外，数据库中的上万家公司数据可以帮助我们做行业分析、行业业绩比较。汉领资本有研究部，研究部利用这些数据，可以帮我们做很多投资判断。投资不能凭猜、靠感觉，我们做的很多决策都是数据驱动的，不是凭自己的喜好来判断。"

相信随着中国母基金行业的发展，国内一些头部 LP 随着时间的积累，也会逐渐形成自己的投资数据库，从而为量化投资决策提供先决条件。

当然不是所有的母基金管理人都对量化投资感兴趣，另外一派观点认为，对 LP 来说，最关键的就是找到他们认可和信任的基金管理人，由其来判断市场，把握投资和退出的节奏。投资 GP，与其说是一门量化的科学，还不如说是一门投资于人的艺术，投资 GP 就是投人，人是最核心的因素，站在机构 LP 的角度看 GP，很多时候跟 GP 们看项目类似，对人的判断都是重中之重。

这种对人的判断，不但对挑选创业者有用，对挑选 GP 也有一定的作用。相信"人本论"的 LP 们认为，历史成绩不代表未来，因为市场是变化的，所以还是要坚持投人，投那种有大局观并且懂人性，有分享精神与具备成长性的 GP 团队。

梅花创投创始合伙人吴世春认为，可以通过后天学习获得的东西往往都是理性的，比如各种模式、方法等，这些理性的东西，人们既可以计算它、具体操作它，也可以判断其方向并纠偏。但真正驱动一个人前行的往往是他的内在感受、内在力量，即心力。一个人事业的边界取决于其内心。如果你观察了足够多的人就会发现，成就最高的那批人往往有一项比能力和认知力更重要的天分，那就是心力强大。[①]

不同的人组合起来，就成了团队。关于 GP 团队，争议最大的恐怕就是"One-Man Show"结构了，通俗地说就是一个核心创始人说了算。

有很多 LP 不会投"One-Man Show"结构的基金，但最近几年这种结构的 GP 越来越多，美元 LP 传统上其实非常不喜欢所谓的"One-Man Show"结构，因为担心基金的长期稳定性，但现实状况是，中国

---

① 吴世春. 心力：创业如何在事与难中精进 [M]. 北京：人民邮电出版社，2020:6-7.

新崛起的一线基金中，不少都只有一位核心创始人，他在募集和投资方面都做得非常好，这也是中国基金领域现阶段的一个有意思的现象，这种现象也促使 LP 重新反思投资 GP 的标准。

为什么有些 LP 会担心这种结构呢？主要原因就是担心 GP 内部机制是一言堂或者是利益分配不均。

"One-Man Show"基金的一个特点就是一言堂。这类 GP 的关键创始人往往之前任职于一线机构，影响力突出，投资履历光鲜，所以独立后会受 LP 们的追捧，而新团队的价值大多会附着在核心创始合伙人身上。国外大多数母基金更倾向于投资一个团队而非"个人明星"。如果几位合伙人有互补的背景，通常会更受 LP 青睐。比如有人曾自己创业，有人做过大公司高管，有人拥有多年投资经验等。多元化的背景往往意味着机构作为一个整体有更高的全局观，也更能调动不同领域的资源。

当然，在几位资深成员中有一位占主导地位的情况也不鲜见。尤其在国内，这种"核心人物"模式较欧美普遍得多，这跟东西方文化差异有关。比如国内的红杉、弘毅等知名机构在外界看来都有一位绝对的领袖人物。

在考量这类机构时，LP 们会着重衡量这位核心人物是否是其他几位合伙人的"精神领袖"，是否构成合伙人之间的"向心力"。这种向心力可能体现在背景经历上，比如该核心人物此前分别领导或影响过团队中的另外几位合伙人，他是所有人经历的共同交集，并且招揽了其他合伙人加入机构。这种情况下，其他成员对他个人权威的服从会使得团队更具凝聚力和稳定性。

相反，如果领导人物只是年纪较长、名气较大，或在融资能力上胜过他人，故在话语权和利益分配中占绝对主导；同时 LP 在与合伙人一对一的访谈中又感觉不到其他人在投资理念、战略方向上完全认同或服从于这位领导人，那么对于团队的长期稳定性，LP 就会持怀疑态度。

一般来说，投资越早期的 GP 越看重人，投资越晚期的 GP，越看重量化指标，因为 VC 和 PE 之间的区别很大。其实从日常穿着上就能看出他们的区别：VC 穿牛仔裤，PE 打领带。另外一级市场以人和信息为核心，更偏重于人的研究和相互之间的互动交流，而二级市场更偏重于数据的变化，所以量化研究在二级市场得到了更广泛的关注。

不过凡事也有例外，比如高瓴资本，管理几百亿美元，除了张磊，你还知道谁？在大多数母基金看来，投高瓴就是投张磊，如果没有了张磊，高瓴或许能够继续存在，但肯定不是从前的那个高瓴了。

讨论完"One-Man Show"，还有一个问题值得关注，那就是在中国市场上非常常见的管理人分家（spin-off）。

竞天公诚律师事务所的王勇律师，拥有在国内外多家顶级律所近20年的从业经验，为数百家基金客户和资管机构组建了 1000 多只境内外基金和资管产品。根据他的观察，有的管理团队在创立之初，核心人物是平等合伙人制，一旦团队核心成员之间对基金的战略和打法出现大的意见分歧，大家就很难继续在一个平台上共同发展。也有的管理人分家，基金核心成员之间可能并没有发生大的意见分歧，只是因为一个在上海，一个在北京，相互之间的沟通和团队管理成本太大，所以才做出这个决定。

如果是一个团队从原有机构出来创办新基金，影响它们是否会分家的因素主要体现在过去互动合作的方式、新架构的建立、激励机制的安排、股权绑定的方式等方面。LP 们往往会细心观察合伙人之间的互动，比如基金的 LP 年会就是一个很好的机会，合伙人们在台上台下的相互配合、细微的眼神交流，也会透露很多信息。

世界风险投资史上最有影响力的管理人分家案例非黑石（Blackstone）集团莫属。1988 年春，苏世民在报纸上看到，第一波士顿的明星银行家之一拉里·芬克从银行离职了。随后黑石为拉里的新公司提供资金，新公司的名字是黑石金融管理公司，黑石拥有一半股权，拉里和他的经理人团队拥有另一半股权。到 1994 年，拉里已为黑石金融管理公司募资打造了两只大型基金，管理着约 200 亿美元的抵押贷款支持资产。但苏世民和他存在一些分歧，导致他们最终遗憾地分道扬镳。

黑石、拉里及其团队把黑石金融管理公司的股权出售给匹兹堡的一家中型银行 PNC（匹兹堡金融服务集团）。PNC 持有公司后名字不能再出现"黑石"，但拉里希望新名字也能反映跟黑石曾经的联系，建议使用"黑砾"（Black Pebble）或"黑岩"（Black Rock）。最后对方选择了"黑岩"，中文名为"贝莱德"。拉里离开后，将贝莱德打造成全球最大的资产管理公司。截至 2019 年 12 月 31 日，贝莱德在全球管理的总资产达 7.43 万亿美元，远超过黑石。

苏世民多年后感慨地说："黑石和黑岩的分道扬镳令人唏嘘。出售这项业务是一个大错特错的决定，责任在我。两家公司都在曼哈顿中城，相距一臂之遥，是由同一个办公室的几个人创立的。我时常想象，如果两家公司当初没有分开，现在会发展成什么样呢？如果今天再让我面对 1994 年的情景，我会想其他办法，不会把黑石金融管理公司卖掉。"[1]

投资 GP，是科学还是艺术，这个争论恐怕很长时间内都会存在，我个人认为，这两种观点本身并无对错之分，投资过程某种程度上能够而且也应该做科学性量化，而投资活动本身是具有艺术性的。

这种"矛盾统一性"在巴菲特身上也表现得特别明显：既然他很会投资，为什么他不将自己的经验传授给孩子，也不给孩子们锻炼的机会呢？因为巴菲特从来就不认为投资是个技术活，而认为那是一门艺术。技术可以通过学习不断进步，而且它有可继承性和可叠加性，也就是说，徒弟不仅能够学到师傅全部的技术，而且还有可能做得更好。但是，艺术没有这种特性。[2]

耶鲁的首席投资官大卫·史文森认为，投资决策过程中需要将科学和艺术紧密结合起来，因为单纯依赖定性判断或单独依赖定量分析都不能为投资者带来持续的成功。一方面，凭经验做出的决策不够严密，因为它忽略了一些信息，对其他信息要么过分重视，要么重视不足。另一方面，机械地应用定量分析工具会得出幼稚的，有时甚至是危险的结论。投资组合资产配置过程中，将艺术化的经验判断和科学化的数量分析有机结合起来是有必要的。[3]

整体来看，目前国内主流母基金正在从相对主观的粗放型定性分

①　[美] 苏世民. 苏世民：我的经验与教训 [M]. 赵灿，译. 北京：中信出版社，2020:209.
②　吴军. 见识：你能走多远，取决于见识 [M]. 北京：中信出版社，2018:148.
③　[美] 大卫·F. 史文森. 机构投资的创新之路 [M]. 张磊，等译，北京：中国人民大学出版社，2015:96.

析，向精细化的量化分析模式过渡。未来大部分母基金将会把过往投过的或否决掉的基金，进行量化分析，逐步建立自己的 GP 数据库。

最后，人类大部分活动都是能力和运气共同作用的结果。有些活动是纯技能性的，比如钢琴师；有些活动是纯运气成分的，比如赌博；很多活动是能力和运气混合的，比如证券投资，比如足球运动。塔勒布在《随机漫步的傻瓜》一书中提出，我们确实低估了很多事情中的随机成分，世界是不确定的，甚至是随机的。原因可能各种各样，可能是外来的、不可预知的，甚至是荒谬的。这些都可以被描述为随机。[①]

塔勒布在他的另一本畅销书《黑天鹅》中，也表达了类似的观点：有时候成功者与普通人之间最大的不同只有一个，就是运气。随机事件或者意外事件也可以解释成功，并且成为赢家通吃结果的原动力。[②]

对一只基金血淋淋的解剖

IRR 是基金业绩判断中的重要指标之一。曾经有一场国外投资行业辩论的主题叫作"IRR 是吃不到的"。为什么私募股权基金的投资者认为仅用回报率来评估基金的表现是不够的呢？因为内部收益率不过是告诉你在过去的一段时间里，你投入的资本平均增值了多少。需要重视的是时间因素，也就是说，取得收益越快，内部收益率就会越高，从而投资经理在推销下一只基金的时候就更轻松自如。

---

① [美]纳西姆·尼古拉斯·塔勒布.随机漫步的傻瓜：发现市场和人生中的隐藏机遇.盛逢时，译 [M]. 北京：中信出版社，2019: 前言.
② [美]纳西姆·尼古拉斯·塔勒布.黑天鹅：如何应对不可知的未来 [M].万丹，译.北京：中信出版社，2011:176.

这里的问题是：养老保险基金不能用 IRR 来支付养老金，大学捐赠基金也不能用 IRR 来为学生提供奖学金或者聘用研究员。他们需要的是现金，看得见、摸得着的可以直接存入银行的钱。对于私募股权基金来讲，它需要向养老保险基金或者大学捐赠基金提供货币形式的健康稳定的回报。[①]

此前行业曾陷入唯 IRR 论，随着大家对 IRR 的认识和统计的混乱，人们又对 IRR 产生了一定程度的"不信任"。但无论在什么阶段，IRR 都是判断基金业绩不可或缺的指标，其核心任务是反映 GP 对基金的投资使用效率，LP 可从基金不同阶段的 IRR 中判断基金的投资节奏和策略规划。

元和资本风控经理张欣欣，因为工作的关系，需要经常和 IRR 打交道。张欣欣认为，IRR 这一指标，直接受到投资成本和投资收益的影响，同时对时间也非常敏感，假设回报倍数一定，不同的投资节奏和退出节奏，对应着截然不同的 IRR 水平。从基金历史的 IRR 中，一方面可以帮助 LP 对基金的历史业绩有所判断，另一方面也可以从时间的维度在一定程度上反映出基金的投资节奏和退出节奏，从而反映出基金的管理策略。

如果外界不了解 IRR 具体的统计口径，那么 IRR 的最终值的参考意义也会小很多。

目前大家对于 IRR 的理解还存在着一些误区和不清晰的地方，导致了外界盲目地追求基金的 IRR 或者"不信任"IRR。例如，在普遍认

---

① [美]贾森·凯利.私募帝国：全球 PE 巨头统治世界的真相[M].唐京燕，译.北京：机械工业出版社，2018:183-184.

识中，人们往往将 IRR 与年化收益率混淆，从而对基金真实业绩产生误判。

同时，由于合伙制企业"先分后税"的原则，在计算 IRR 的过程中，由于 GP 和 LP 的立场不同，统计出的投资成本和投资收益也会存在差异，进而导致在 GP 层面计算的 IRR 与在 LP 层面计算的 IRR 出现差异。而在投资期的基金，在计算基金的 IRR 时，除了需要考虑基金为了维持正常运营的各项费用支出外，还要考虑要不要将基金账面暂时尚未使用的资金计入基金组合的当前价值，而这也会影响基金的 IRR 水平。

再加上现实投资活动中，一只基金除了投向项目的投资成本和退出收益等主要活动对应的现金流出和现金流入外，还需要支付基金正常运营的各种费用，如管理费、开办费、审计费等，那么在计算基金的 IRR 时是否需要将这些用于基金正常运营的费用包括在投资成本内？采用不同取数口径，就会产生不同的投资成本金额，在相同的收益水平下，最终肯定会影响基金的 IRR 水平。

中国市场上关于 IRR 和 DPI 的真实数据很少，而美国市场上的康桥汇世（Cambridge Associates）和 Preqin 等咨询和数据公司，有几十年的股权基金现金回报的统计数据，而且是相对准确的美元基金按年份的 DPI 数据，上述这两家机构都提供类型繁多的指数，并按季度更新数据供行业免费使用。

富煜亚洲总裁姒亭佑认为，衡量 GP 时，要看到一整组数据，才能知道 GP 心里到底是怎么想的，它是一个完整的结构，具体来说包括以下五点：

第一要看 MOC（资本回报倍数）。MOC 是 multiple of capital contributed 的缩写，代表资本回报倍数。投资人经常会说，"某项目带来多少倍的回报"，其实这个所谓的多少倍回报收益就是指 MOC。

第二要看 IRR。有时候为了"人为"提高 IRR，一些国外 GP 开始在项目的投资初期使用借款投资，"人为"延后 LP 打款时间，通过这种手段"提高" IRR。

第三要看 DPI。在现实私募股权投资活动中，LP 有时会发现自己从基金实际收到的现金回报并不与 GP 向其展示的基金 IRR 相匹配，从而需要有一种直接反映"真金白银"回报的业绩衡量指标。因而，DPI 成为 LP 所关注的重点。其实无论是"唯 IRR 论"，抑或是"唯 DPI 论"，都是片面和偏颇的。

第四要看 RVPI。RVPI 也称"投资未实现倍数"（unrealized multiple），它衡量的是相对于 LP 投入基金中的资金量，股权基金的资产净值，即"未实现所得"。

第五要看 TVPI。TVPI 表示所有已缴资本预计可以得到多少回报，为总的预期价值（total value）和已缴资本（paid-in）之间的比值。

如果只看 DPI，那就只能导致鼓励 GP 投资机构去做快进快出的投资，比如 Pre-IPO 项目，其实这与整个国家的创新创业大战略是背道而驰的。国家需要创新的动力，创新一定需要长钱，投早期、10 年期以上的引导基金会成为一种趋势。IRR 和 DPI 是很重要的数字，却不是唯一的追求，对早期基金和后期基金的衡量标准也不一样，如果真的要科技兴国，唯 DPI 论误国误人。

另外投资也要看年份，也就是所谓的 Vintage Year，主要是指某基金管理公司下面某只基金开始投资的年份，因为往往一个基金管理公司下面会同时运营好几只基金，有点类似于一个酒庄里面酿造和存储着各个年份的葡萄酒。

需要注意的是，关于基金的年份如何确定也并不统一，有些基金按照开始募资的年份，有些基金按照一期基金结束融资的年份，有些基金按照投出第一笔投资的年份，但法律上 LP 们比较认可的方式是按照基金首次关闭的年份来算。一年之差，基金业绩的表现就可能天差地别。

既然 Vintage Year 如此重要，我们应该如何系统地去看待它呢？要想把对 Vintage Year 的认识，转化成系统性的方法论，就必须知道到底是哪些因素在影响 Vintage Year，但是找到这些因素十分困难，因此我们也很难准确预测 Vintage Year。

《母基金周刊》特约作者 Steven，在翻阅 Beyond The J Curve（《超越 J 曲线》）这本书时，找到了一种最简单的方法：既然预测 Vintage Year 是高难度动作，而且是危险的，那么坚持在母基金投资期每年按等额进行投资，就可以通过连续的等额投资来平滑掉 Vintage Year 带来的风险，起到稳定业绩的作用，所以等额投资的母基金投资策略往往比对 Vintage Year 瞎预测、乱投资的母基金收益更稳定。

比如 1990—1991 是美国 VC 投资最好的年份之一，而那两年却又是 20 世纪 80 年代繁荣的里根大循环结束、海湾战争开始的动荡年份。如果站在彼时预测年份，很容易就悲观看空。然而那两年成立的基金，由于离 2000 年互联网泡沫还有足够长的退出时间，可以低买高卖。

2017 年年初，Steven 去上海拜访了某双币母基金的合伙人 Harry，令他印象深刻的是，当时 Harry 非常坚定地提出要放缓人民币子基金投资，加大海外布局和美元投资。

后来 Steven 复盘这段经历时感慨："当时人民币基金募资量完胜美元，全国人民积极双创，引导基金强势入局，很多美元基金开始募人民币或想募人民币，所以那时候我是不以为然的。但当我站在 2018 年年底再复盘时，才看出姜还是老的辣。经历了几个周期的行业老人，心中一定是有 Vintage Year 的意识，哪怕它并不是通过量化得来的。当然，我们肯定没有别人丰富的从业经验，但同样可以通过建立系统性的认知模型来提升业务能力。哪怕一开始，仅仅是建立一个不太准确的初识概率，没法运用数据理性搭建认知框架，但随着投资经验不断累积，数据模型不断完善，经过日积月累地思维调整和迭代，未来一定能大大提升投资命中率。"

母基金直投，靠谱吗？

关于母基金是否应该做直投，行业内主要有两种代表性意见：一派认为母基金一定要直投，而且比例还要扩大；而另一派则认为母基金一定要完全放弃直投。

支持母基金做直投的这一派认为，按照海外成熟市场的数据，LP 通过跟投 GP 的项目，整体上可以取得比投基金更好的收益。这一超额收益很容易解释：好的 GP 往往不会给金主烂项目，而国外 LP 跟投省下来的成本就转化成了额外收益。投资的本质是基于信息做出决策。从信息质量的角度来看，虽然 LP 对行业的理解深度不如 GP，但通过

GP 网络所获得的信息的广度，以及从 GP 端获取的高质量的、降噪化的信息，是其独特优势。

聪明的 LP 还会综合其投资的基金的投资布局绘制一个动态的行业热点图，横向对比各家的投资逻辑，对比同一赛道上的不同公司，主动地、系统性地捕捉优质项目跟投机会。近年来无论是国外还是国内涌现的独角兽公司，背后大都有 LP 投资人，不少也是 LP "主动出击" 的结果。

前海母基金执行合伙人靳海涛也认为，母基金一定要直投，而且比例还要扩大，规模较大的直投基金也要带有一些母基金功能，这可能是促进行业健康发展的一个途径。靳海涛表示："前海母基金就设置 50% 投基金、50% 投项目，这样做可以提高基金收益，这点从我们做的估值报告中可以明显看出来。另外做了直投以后可以不重复收费，减轻了投资人的负担，募资会容易些，这样行业才能更好发展。"

另一派母基金管理人则认为，母基金一定要完全放弃直投，专注投资管理和行业研究。这种观点认为，好项目是创投圈的稀缺资源，首先发现好项目的投资人一般都倾向于私藏，不愿意进行交流，这方面的信息就很难穿透。如果母基金进入垂直阶段的利益诉求，那么母基金 "稳定器" 的作用就不存在了，因为产业布局的优势，母基金会先于 GP 发现行业波动，追加行业强势节点的投资，实际上加速了整个行业的波动。放大这个节点的示范效应，实际上会引发上下游的剧烈振动。所以各司其职，各得所需，这是作为母基金与 GP 投资必须要遵循的游戏规则，而现在行业当中没有这种规则，缺乏统一的约束力。

第十三章　投资机构的创新之路

没有硝烟的战争

投资机构的人才争夺，是一场没有硝烟的战争，在这场战争中，人才的价值被推到了前所未有的高度。人才是创新的根基，投资机构不但积极布局创新，自身的机制和理念也在日新月异。

投资机构关于人才的争夺战，可以分成两个维度：项目人才和投资人才。

中国计算机界的"黄埔军校"非清华的"姚班"、上海交大的"ACM班"莫属，这两个班脱胎于两所大学的计算机教育改革，将一群已经在计算机领域里展现出惊人天赋的少年天才们汇聚在一起，向着更深、更远的技术边界探索。

"清华学堂计算机科学实验班"（"姚班"）由世界著名计算机科学家姚期智院士于2005年创办，致力于培养与美国麻省理工学院、普林斯顿大学等世界一流高校本科生具有同等，甚至更高竞争力的领跑国际拔尖创新计算机科学人才。

"ACM班"的取名源于国际科学教育计算机组织——美国计算机学会（Association of Computing Machinery，简称ACM），ACM是世界上最有影响的计算机组织，计算机领域最高奖——图灵奖是由该组织设立和颁发的。这寓意"ACM班"旨在培养计算机科学家。

关于项目人才的创新性挖掘，部分投资机构已经开始联合高校、科研院所孵化人才，提前布局顶级人才资源将成为投资"捕手"的圈养式新打法。红杉中国通过新方法捕捉独角兽，取得骄人战绩，在红杉中国投资的最前沿的高科技公司中，已有4家公司的创始人来自"姚班"，3家公司的创始人来自"ACM班"。

为什么要提前布局这些"最强大脑"，首先是基于创新人才在原创性的创新突破中的重要性，而且，创新人才是极其稀缺的资源；其次，是创业的环境，创新转化为大规模商业应用的外部条件越来越好，有资本，有成熟的职业经理人和管理团队，产业基础和应用场景，政策支持等；最后就是投资领域的竞争激烈，所有头部投资机构需要在这些"大脑"还在发育成长阶段就提前布局，提前锁定未来的顶级人才。

关于投资人才的创新性挖掘，一些投资机构推行的"创业合伙人"制度值得研究。入驻创业者，简称"EIR"（entrepreneur in residence），有些国内机构也称其为"创业合伙人"。这个制度是指一些成功的创业者或经理人，以顾问的身份在投资机构内参与项目的评估，并在找到合适的机会后就加入被投资企业，成为重要的管理团队成员。

那"EIR"对于创业者和投资机构来说有哪些利弊呢？

从创业者的角度来说，他们的最终目标是找到一家有前途的公司加盟，所以这份工作通常只持续 6 个月到 1 年，只是一种合作伙伴的性质，而且要在这么短的时间内同时为自己找到出路，以及提供意见给投资机构，压力也不小，但也有很多好处：

首先是有一个合适的过渡期，可以骑驴找马，而不用在家赋闲；其次是挂着"创业合伙人"的头衔，有个高大上的身份，便于和各方谈判；再次是可以参与到投资机构众多项目中，寻找到更多独家机会；最后是可以有一份不错的薪水，减轻家庭压力。

从投资机构的角度来说，招募"EIR"是稍微有些吃亏的：进来的新人即便在其他领域非常出色，在投资上也是完全重新开始，需要适应投资机构的工作节奏，需要有人带他们入门，知道投资到底是怎么一回事；当他们稍微展露出一点得心应手的迹象时，却也距离离开的时间不远了。因此在时间比金钱更贵重的竞争市场，鲜有机构愿意支付如此高昂的时间成本。

但同时，"EIR"制度也会为投资机构带来很多好处：

第一，"EIR"大部分都是成功或有经验的创业者，对于商业模式的临场经验较丰富，也会展现出对自己领域的专业水准，可以为投资机构的尽职调查出具专业意见或者帮助投资机构管理已投资的项目，甚至可以为投资机构组建一个新公司，并可以利用自己在行业的人脉和不错的声誉帮助投资机构寻找新项目，成为投资机构的"另一双眼睛"。

第二，"EIR"制度可以让投资机构在争夺人才时处于更主动的地位。很多创业者并不愿意加入投资机构，有时候投资机构也并不能十分确定要挖的人是不是适合自己，这些情况都可以通过"EIR"来解决，投资公司可以向这些停下来寻找下一个机会的职业天才们，展示多条可选择的路径：可以留在风投做投资人，也可以继续去创业。同时投资机构也可以通过这半年到一年的时间，对目标人才进行更全方位的考察，从而决定是否要把他们留下来。

第三，"EIR"制度可以避免投资机构给业内留下不专业的印象。如果直接把没有投资经验的创业者招进来当合伙人，他们在对外沟通的时候，由于并不懂投资，可能会让合作方产生这家机构不专业的印象。

在美国投资行业，很多大型风投很多都有"EIR"项目，比如硅谷最好的基金之一 Greylock 的 3 个投资合伙人之前就曾是这里的"EIR"。

中国风投史上第一个"创业合伙人"案例，可能就是经纬的张颖和猎豹的傅盛。2008 年 9 月，傅盛从 360 离职。张颖看到这条新闻，就问来了傅盛的手机号码拨过去，说："我是经纬的张颖，下午有空聊聊吗？"于是两个人当天下午在经纬的办公室——北京东三环的嘉盛中心见了面。后来傅盛就答应了到经纬做"EIR"，他所提供的产品角度方面的见解，是一直做银行和投资的张颖所没有的。

从后来的结果看，张颖和傅盛双方各取所需，同时各自给对方一个跃起来的支点，实现了双赢。现任耐飞联席 CEO、兔子洞文化创始人卢梵溪，原快的打车 COO 赵冬都曾经加入过经纬的"EIR"计划。

真格教育基金也在 2017 年发布了首期"EIR"计划，先后担任过新东方、新航道、跟谁学等知名教育公司高管的天赋通创始人唐振华，就曾经在真格教育基金担任过"EIR"。

另外在一、二级市场倒挂的大背景下，上市公司做 CVC 投资对人才的专业度要求极高，除了少数超级巨头外，一般上市公司内部未必具备这些条件，与优质 GP 战略合作甚至直接收购 GP 有双赢的可能，比如华金资本控股以色列背景基金英菲尼迪。

2015 年，华发集团与以色列英飞尼迪集团结成重要战略伙伴，既为华发集团拓展产业投资增添了全新的运作平台，也为珠海乃至中国加强与以色列地区科技经贸交流合作，对接全球领先科技与创新资源创造了有利条件。

"私器公用"：投后理念新突破

2015 年以来，一些投资机构打破传统运营机制和理念，创新性地开拓投后管理模式，并将一些自身的资源部分开放给被投企业甚至全行业，我们可以把这种现象叫作"私器公用"。

国外投资机构 KKR Capstone 的投后管理模式是一个典型的案例。KKR Capstone 独立于 KKR 投资团队，其目标是帮助 KKR 所投资企业进行管理提升和改进。在 KKR 投资团队完成投资后，KKR Capstone 的团队会进入被投资企业，根据投资团队投资前的规划，帮助企业完成包括战略转型、绩效改善、效率提升和削减成本在内的一系列增值服务。更为重要的是，这些工作不仅限于前期的咨询服务，还包括后期具体的实施和落地阶段的工作。

2017 年以后，国内一些头部投资机构，开始主动做起原来看不上的融资顾问业务（FA），有的甚至组建了独立的团队。主动"FA 化"，主要是一些头部 GP 的"一箭双雕"：在资本寒冬中把自己强大的投后管理能力以 FA 的形式输出，帮助被投企业融资的同时也间接提高基金退出能力，比如经纬中国和达晨创投。

真聘孵化于真格体系，创始人杨莉是前真格基金人力资源总监，有着丰富的招聘行业经验。2016 年，真格基金将投后 HR 部门商业化，并投资 300 万元，将真聘独立出来，服务所有一线基金所投项目。目前，真聘的合作伙伴除了众多创业项目，还包括红杉中国、信中利、XVC、云天使基金等投资机构。

私募新航道：GP Seeder 和 GP Stake

头部 GP "母基金化"的主要目的之一是扩大资产管理规模，而 GP Seeder 是由头部的 GP 机构或合伙人的自有资金投资其他 GP 和基金，实现对上下游资源的覆盖，补足自身在非擅长专业领域的能力，布局投资行业的生态。

目前越来越多的头部 GP，开始投资小型基金，打造自己的投资生态，比如：高瓴资本投资了蓝湖资本、线性资本、钟鼎资本、梅花创投、金沙江创投、明势资本、清流资本等；经纬中国投资了紫牛基金、梅花创投等；启明创投投资了伯蕾创投、天玑创投等；源码资本投资了高樟资本、嘉程资本、德沃基金、36 氪基金等；东方富海投资了伽利略资本、英诺天使基金等。未来这种趋势还会进一步发展。

GP Stake 是目前私募股权投资市场上一种新的战略投资，由 LP 本身或者由一个占股基金（GP Stake Fund），去投资收购 GP 管理公司的少数股份，从而成为其少数战略股东，分享其日常业务收入以及业务规模增长带来的长期收益。

自 2000 年以来，高盛、路博迈、黑石等知名全球私募管理机构开始设立以占股其他 GP 为策略的基金，并投资全球范围内的优质私募股权基金管理机构，一种全新的另类投资模式应运而生。在这种模式下，占股基金的投资方和被投方以各自深厚且互补的业内资源强强联合，实现双赢。

在《PE 新物种：从投基金到投管理机构》这篇国内最早系统性介绍 GP Stake 的专题文章中，曾在波士顿学院高校捐赠基金担任投资经理的周晨琦详细解读了这一投资占股新模式。

GP Stake 模式即使在美国也只有短短 5 到 10 年的历史，从目前来看仍是一个比较创新的策略，吸引着越来越多的美国金融机构和团队进入这个行业。而站在 LP 的角度看，随着金融市场尤其是 PE/VC 市场的繁盛，一些机构或者高净值个人的资金聚集程度越来越高。与此对应，LP 对新的投资模式也是思之若渴。

早在 2000 年，CalPERS 就通过与凯雷有长期合作的便利入股凯雷，为之带来更多作为一般 LP 所不能获得的直接与间接收益，包括更多的项目跟投机会，对于底层资产信息的清晰把握，以及随着凯雷的管理资产规模的增长产生的超额收益。而 CalPERS 只是相当于做了一笔企业直接股权投资，这个被直接投资的企业本身就是凯雷集团，而投资凯雷集团反过来给 CalPERS 带来了多层次的财务回报与战略回报。

而从 GP 的角度看，发展到一定程度的基金管理公司出于提高基金的出资份额、解决两代管理者之间的股权变更、开发新的产品线以及发展新兴市场等原因，客观上也存在对于长期资本的需求。而相比于上市，GP 可以选择通过出售一定比例的公司少数股权的方式来换取大量的现金流。因此，GP Stake 这样的新模式也应运而生。

早期关于 GP Stake 的交易，通常由一位已经与 GP 建立长期合作与信任关系的 LP 通过出售公司少数股权的方式来发起并执行。而在 2007 年，真正意义上的 GP Stake Fund 诞生了。高盛的另类投资公司发起了 Petershill 项目，筹集并管理第一期 10 亿美元的投资占股基金，专门投资占股对冲基金管理公司的少数权益。

路博迈于 2011 年效仿高盛，成立了一个名为 Dyal Capital Partners 的新平台，随后筹集了 13 亿美元的首只投资占股基金，用以进入并实施该战略投资。

如今，GP Stake 的投资模式已经作为一项投资策略迅速受到关注，其中包括 Petershill、Dyal Capital Partners 和黑石集团等主要参与者，其所有募集资金用以收购另类资产管理公司的少数股权。目前共有 11 只基金集中在投资占股策略的交易上。

GP Stake 基金源自美国，目前交易也主要集中在北美。然而，随着越来越多的 LP 开始关注并接受这一策略，未来必然延伸到亚洲乃至中国。JP 摩根、黑石集团、Dyal Capital 相继开设了香港或中国办事处。2019 年 5 月，黑石集团已通过其战略资本控股基金获得了香港另类投资公司太盟投资集团（PAG）的少数股权。另外，PAG 作为亚太地区最大的独立另类投资管理集团之一，也在亚洲市场布局 GP Stake 投资占股项目。

而 Dyal 的母公司路博迈也开始积极布局国内的私募股权业务，投资占股策略的差异化竞争优势无疑可以支持其有效打开市场。而 Petershil 在 2018 年年初完成新一轮基金的募集以后，也开始积极寻求在亚洲的投资机会。

　　一旦这几家投资占股基金成功在中国拓展丰富的 GP 网络，将极大地促进在欧美后续的投资占股业务，并将二次开发目前已经投资占股的 GP。相比投资占股基金要在欧美做出投资或者不投资的判断，积极发展中国的 GP 可以从根本上盘活目前整个的投资占股的模式。

　　开发国内 GP 带来的潜在机会是多层次的，这些 GP 可以承担以下角色：被投资标的；跟着投资占股基金一起去占股海外投资同行业的 GP；与已占股的 GP（尤其是投资同行业的 GP）战略合作，发展跨境的企业并购机会；成为已占股的 GP 的潜在的退出渠道之一。

　　同样地，发展欧美 GP 关系网也可以反过来与中国 GP 合作，而不再是简单的投或不投的选择。这将极大地促进全球投资占股业务的发展，大大提高投前的议价能力，并且有效提高整体的收益率。

　　另外，国内的 GP，尤其是头部的 GP，对于引进像高盛、路博迈、黑石这样的战略股东也保持开放和欢迎的态度。引入优质的海外少数股东，对它们来说意味着可以优化股权结构，提升全球品牌，借助股东丰富的产品线为海外上市做好准备，跟投或者与海外已占股的 GP 战略合作等，这些都将加速本土 GP 的国际化进程。

　　国内目前虽然没有成熟的投资占股基金，也还没有对于私募股权管理公司本身系统严谨的定价与估值，但投资占股本身却并不神秘。国内不少 GP 在不同的发展阶段，都曾引入过第三方的少数战略股东，主要对象是上市公司，也包括 2016 年 8 月，歌斐资产旗下的基金战略投资入股总部位于深圳的基石资本。

　　考虑到国内一级市场投资的大环境以及头部 GP 的发展阶段，我们必将在不久的将来看到投资占股基金在国内的兴起，并且由国内的

GP 或者 LP 制定双币的本土化投资占股策略。

冲动与惩罚

　　大型投资机构一直都有上市的冲动，也曾为此付出过惨痛的代价。面对上市与否的问题，投资机构要如何去定位企业文化、上市动机以及创始人的个性呢？最佳上市时机是什么时候？

　　上市意味着接受公众的监督、更严格的审查以及符合程式化的标准。在并购活动中，已上市的基金还可以采用股权置换等多种投资方式，而不再局限于现金支付。此外，选择上市的另一个不容忽视的原因是，这给了创始人以及高级管理层从亲手创建的企业中获得回报的机会。另外，通过现金退出也可以帮助创始人将管理权顺利地过渡给下一代接班人。[1]

　　2007 年，PE 之王黑石集团在纽交所挂牌上市，敲响了 PE 上市第一声钟，随后 KKR 集团、阿波罗、凯雷等相继上市。

　　但在 2008 年美国经济危机中，一些人对这种现象做了反思：把华尔街的合伙制企业转变成上市公司的决定，看起来很像从山顶上被踢下来的第一块石头。将合伙制转变成公司制的主要后果，是将金融风险转嫁给了股票持有人，若出了差错那是他们的问题。不只是他们的，当华尔街投资银行运营得过于糟糕，它的风险也会成为美国政府的问题。[2]

---

① 　[美] 贾森·凯利.私募帝国：全球 PE 巨头统治世界的真相 [M].唐京燕，译.北京：机械工业出版社，2018:236.
② 　[美] 迈克尔·刘易斯.大空头 [M].何正云，译.北京：中信出版社，2015:329.

在国内，不少投资人都曾在媒体上呼吁，应该允许优秀私募基金管理人上市，前海母基金首席执行合伙人靳海涛就是这种观点的坚定支持者："各行各业都存在好的企业和不好的企业，好企业上市，不好的企业不能上市，银行也一样，从大银行到小微银行，都可以上市，为什么创投不能上市？不应该过分看重创投公司的风险，我认为将来优秀的创投公司一定可以在国内上市。"

这些年国内投资机构尝试的路径主要有三种：新三板上市、A 股"借壳上市"、香港及海外上市。

2017 年《新财富》"500 富人榜"发布，新三板的来客占了九席，总身家达到 758 亿元。登榜的新三板富人没有实业家，全部来自金融行业，均为知名 PE 的掌门人。然而随着新三板私募整改大限的到来，曾经风光无两的挂牌 PE 们，如今却怅然若失，甚至昔日新三板投资第一 PE 也以被收购而告终。

相比于新三板上市后的一地鸡毛，A 股"借壳上市"路则要顺畅得多。比较典型的有鲁信创投、九鼎投资和中粮资本等。2018 年以后又兴起了新一轮的 PE 上市热，基石资本、东方富海、硅谷天堂等 GP 均完成对上市公司的控股，某几家大 LP 也低调完成了对上市公司的收购。

2018 年 9 月，"中国新经济金融服务第一股"华兴资本在港交所上市，募集资金达到近 4 亿美元。2018 年至今，已有内地 GP 多次向美国证券交易委员会递交并更新招股书，却并无实际进展，冲刺"中国私募基金在美上市第一股"之路走得并不顺利。

第十四章　募资为王

　　2019 年，你推翻了什么此前深信不疑的观念？——募资成绩和投资业绩相关。这是国内一位著名投资人在接受媒体采访时的回答。同样对募资市场感到不爽的，还有美国天使投资人罗曼斯："募集风险投资基金，感觉就像和仙人掌做爱。"①

募资的奥义

　　要想真正了解私募股权投资，首先要解决的就是资金募集之道。钱肯定不会如神迹一般降临到私募股权基金，而是从有投资需要的投资者手里募集得来。在过去的三四十年里，有投资需要的投资者越来越多。养老保险基金要按期支付养老金，高校希望已获赠的教育捐款能够持续增值，富人渴望累积更多的财富，外国政府期望主权基金的

---

① [美] 安德鲁·罗曼斯. 风投大师：揭秘创业与融资 [M]. 郑磊，译. 北京：机械工业出版社，2014：前言.

投资品种能够多样化而且基金规模能够增长。于是，这类投资者踊跃地奔向私募股权基金的怀抱，成为 LP。[①]

那些募资成功的机构究竟具备哪些特质呢？

弘毅是格局，远大的理想是奋斗的动力，在遭受挫折甚至死亡威胁的时候，也不会轻易放弃；效率是翅膀，能在存量的募资世界中飞翔；敬畏是态度，在机会来临时，能"接得住"。

近 15000 家 GP 中，有太多"千人一面"的机构，要想募资成功，靠的是优势。具体来说，就是要有以下 3 个方面的优势：

首先的优势是出身。金庸的武侠江湖里有很多门派，按照创始人的背景，GP 也可以分成很多"门派"，在 LP 的心智模型里，比较受欢迎的 GP 主要有三种：

第一种是"白马"基金，俗称"大白马"（综合性头部投资机构）。"大白马"集各种宠爱于一身，不是普通 LP 想投就能投进去的，其中有些顶级 GP，已经翻身做主，做起了 LP。有些"大白马"比拼的已经是品牌调性和气质，创办学习型组织或者开展高端培训，顺带还能发展一些财富自由的创业者做 LP。

第二种是"黑马"基金。"黑马"基金的创始人多是从知名基金"单飞"出来的，大致可分成和平分手和打出家门两种。和平分手、自立门户的 GP，属于比较"明事理、会做人"的那种，往往能紧抱前东家的大腿，让"大白马"成为自己的基石 LP，成就一段佳话；打出家门的 GP，募资基本靠个人 IP，有时也能拐走老东家的一部分 LP。

① ［美］贾森·凯利.私募帝国：全球 PE 巨头统治世界的真相 [M].唐京燕，译.北京：机械工业出版社，2018:3.

第三种是产业出身。从产业中出来的优秀 GP，往往能够获得顶级产业 LP 的青睐。这些产业 LP 的参与，能够为一个 GP 带来多元化且高度相关的协同资源与增值视角。比如化工行业出身的川流投资，主要 LP 中除了厦门建发、中金启元与清华紫荆等专业投资机构，还包含了如巴斯夫与索尔维等跨国化学材料企业，以及如闰土股份、丹化科技、阳谷华泰与七彩化学等国内领先的化学材料细分行业龙头。

有些其他门派的 GP，也能募资成功，比如"富二怪"，在行业陷入"全民焦虑"的时代，有少数含着金汤匙出生的 GP 却显得格外的淡定，好像从来没有为募资发过愁，他们的世界里没有资本寒冬，而是四季如春；再比如"先知派"：有一些 GP 总是那么先知先觉，当 LP 们去看一个新兴热门领域的时候，会发现这个领域的头部公司已经被一些 GP 提前投资锁定，这些投研能力极强的 GP 总能找到未来的趋势并投身其中，创造远高于同行的回报。

其次的优势是社交网络。在东西方的文化中，社交网络在精英们的世界中都占据了重要的位置。社会上层人士利用他们的人际联系确保其影响力并获得地位。我到过的很多公司办公室里都挂满了领导者与国外领导人打高尔夫或握手的照片。领导者们要想把事情做得更好，一个精英网络是必需的，雄心勃勃的领导者们必须承认这一事实。为了有机会进入这个网络，后起之秀努力寻找与广受尊重的领导者们交往的机会。①

最值得关注的是高校的社交网络。以哈佛、耶鲁为代表的美国大

---

① ［美］D. 迈克尔·林赛. 顶层视野：塑造我们世界的领导力 [M]. 谭安奎，译. 北京：北京大学出版社，2015:21.

学基金是 VC—PE 的重要金主，相比而言，中国虽然没有美国那么多的大学捐赠基金，但也逐步开始出现一些高校基金，比如清华教育基金会和浙大未来母基金等。

根据国内数据服务商"IT 桔子"的统计，作为 LP 的清华教育基金会，近年来已投资 27 家投资机构，总额超 20 亿元，对比国内一些市场化的母基金，这个投资量已经能排在前 10 了，这其中包括了源渡创投、同渡资本、泰有基金、美锦投资等，很重要的原因是这些基金的发起人基本来自清华系。

商学院的社交网络也是"水下 LP"经常出没的地方。笔者身边有几个朋友的一期基金，就是在商学院的同学中完成募资的，当然最近几年商学院中尤其是 EMBA 的学员中，企业家和创始人的比例在减少，大公司高管的比例增多，募资也不像前些年那么好募了，但总体而言商学院还是值得大力经营的募资"私域增量"。

另外一个值得关注的是同乡会网络。从清代的晋商、徽商和广东十三行、陕西帮、福建帮、江西帮、洞庭帮、宁波帮、龙游帮及山东帮等形式的会馆，到如今潮汕、福建、江浙一带的同乡会网络，都有很大的能量，在中国资本市场的翻云覆雨中，经常能看到他们的投资身影。

最后的优势是业绩。业绩越好的 GP，拿到钱的概率越大。

中国的双创热潮，催生出大量新兴政府引导基金以及其他类型的 LP，那是一个 GP 募资的黄金时期，是 LP 的增量世界。而从 2018 年开始，则是 LP 总量不断减少的存量世界，在一个争夺存量的世界里募资，提升效率就变得前所未有的重要。

提升募资效率，可以从 3 个方面入手：

第一个方面是制定合理的募资策略。有清晰的、可执行的、符合团队资源属性的募资策略十分重要，特别是对很多 first-time funds（首次募资基金）来说。《欧洲风险资本杂志》（EVCJ）将 first-time funds 定义成 3 种基金：

第一种是没有任何投资记录的；

第二种是从机构中分裂出来的，有历史投资业绩；

第三种是关注特定领域或者阶段的；

宜信财富与清科研究中心联合发布的《中外私募股权母基金投资策略之 first-time funds 研究报告》中，则按照基金管理人核心成员属性，将 first-time funds 分为以下四大类：

第一类是首次参与私募投资的新机构，此类新机构的团队人员并无过多投资经验和行业背景，通常根据市场热度和风向组建；

第二类是金融从业人员组建的新机构，此类新机构的团队人员在金融或投资领域具有一定的从业经验，对金融行业有着深入的认知和了解；

第三类是裂变机构，指的是从老牌传统投资机构裂变形成的新机构；

第四类是产业背景新机构，主要由具备多年产业从业经验的高管转型组建而成，如蔚来资本等。

无论属于哪种分类，first-time funds 都应该把"差异化"做到极致，遵循"从 niche market（利基市场）到 mainstream（主流市场）"的原则。开辟出一个细分专注的利基市场十分重要，比如睿盟希资本，这样一只聚焦视觉科学的专业主题基金，就成功地完成了自己的第一期基金的募集。

这两年募资不顺利的 first-time funds，有很多都是因为募资策略失误，比如一只新基金非要同时看文娱新消费、医疗大健康、智能制造等几个大方向，与团队现有人员结构和能力严重不匹配；比如一期基金开始就喊出目标规模为 10 个亿，结果半年后调整为 5 个亿，再过半年调整为 3 个亿，然后就没有然后了……

这里还包括了一种特别的 first-time funds，就是首次做双币基金的机构，美元机构做人民币基金相对而言更容易一些，而人民币机构做美元基金比较困难。

人民币机构募美元基金大体上可以分为两种路径：第一种的募资对象主要是中资机构和海外高净值华人的美元资产，这种 LP 相对而言不太容易持续出资；第二种的募资对象是大学捐赠基金、慈善基金、养老金等"老钱"，是美元募资的主流，对 GP 的挑战也更大。

首先就是美元基金的管理逻辑和流程与人民币基金有很大不同。比如人民币基金的管理人一般会同时在管多只基金，而美元基金很多是投完一只基金再募下一只基金，一般只投一只基金，如何解决美元 LP 对"利益冲突"的看法，是一个很重要的问题。

关于这点，喜马拉雅资本创始人李录在他的新书里有详细的阐述："在我的基金之外我没有任何投资，我把自己和家人所有的投资基金都放在我的基金里。我们公司只经营一只基金。所以这是真正的合伙人关系，普通合伙人和有限合伙人之间几乎没有任何利益冲突。"[①]

___

① 李录. 文明、现代化、价值投资与中国 [M]. 北京：中信出版社，2020:318.

其次，文化差异需要适应。人民币机构如何跟美元基金的 LP 进行沟通，也是一个挑战。有些美元基金很少会跟 LP 沟通，如果 GP 主动跟 LP 沟通，LP 会很紧张，觉得是不是出了什么问题。

另外，对于管理层的利益分配、对接班人制度的考虑，以及对于"责任投资"的坚持，都会在美元基金 LP 尽调中有着详细的体现。再有就是一些美元机构 LP 很在意的"品质感"，比如募资文件的美观程度、办公环境、GP 团队的背景出身等。

第二个方面是精准的 LP"地图"。要想提高募资效率，避免无效沟通，精准对接 LP，绘制一份和自身机构相契合的 LP"地图"必不可少，包括以下几点：

首先，对于不同阶段的基金，注册地也应该有不同的选择，比如在一些 LP 看来，今年如果做天使基金，珠海会是首选地点，如果做早期投资，选择的余地相对多一些，如果做偏后期的投资，深圳是首选。

其次，要知道目前哪些 LP 账面充足，哪些 LP 也正处于募资期，哪些 LP 投资自己机构所在的赛道。我曾碰到一个 GP，一年内见了 200 多家 LP，十分勤奋，甚至拿出了一个每周见 LP 的清单给我看。不幸的是，这份 LP 名单信息严重滞后，名单上有一半左右的母基金已经没有出资能力或者已经转做直投。

最后，对不同种类 LP 的诉求要有清晰的认知。要针对不同类型的 LP 讲不同的"故事"，不能无论不管什么类型的 LP 都一个故事讲到底。险资的诉求、政府引导基金的诉求、家族基金的诉求并不完全相同。

比如产业投资机构相对来说对于退出时间表没有那么在意，因为产业投资更多的是注重一个协同效应，而一些家族基金，在做投资时，往往有很多其他的需求，而不单单只看回报，更希望通过合作换取更多资源的共享，如果 GP 能使它们对接更有效的资源，会大大提高募资的成功率。

第三个方面是与第三方募资渠道合作。在当下的募资环境中，如果每个 GP 只是做到和过去一样好，一样努力的程度，已经远远不够了，更多的机构开始重视品牌和与募资代理机构（placement agent，PA）等募资渠道的合作，试图在有限的 LP 存量市场中，尽可能大地切出自己的那份蛋糕。

这个时代催生了创业的热潮，也带来了资本的泡沫和 GP 的过剩，为了募资有些机构不惜过度"美化"自己的业绩，用各种方式套取 LP 的信任，哪怕最后没法为 LP 创造收益也无所谓，只要能不断地扩大募资规模，赚取更高的管理费就好了。GP 泡沫破灭之后，生存下来的一定是有敬畏之心的机构。

首先是要敬畏专业。在中国市场上，GP 真正的价值体现在能够比 LP 找到更早的项目，如果是后期的项目，LP 也可以直投了。如果不能比 LP 更专业，就很难打动 LP。

其次是要敬畏 LP。募资是个相对长期且动态的过程，对 LP "长情"很重要。"动态"是指有些 LP 当时可能没有合适的机会，但是后续会有机会。我身边有个朋友的基金，找了一个 LP 募资，双方沟通后发现并不合适，但朋友的人品和能力给 LP 留下了深刻的印象，且朋友后续对 LP 的态度也没有因为不出资有任何改变。有了这份信任，当今年这个 LP 新募了一个相关方向的母基金之后，这个朋友的 GP 成了第一个出资对象，获得了 2 亿元的投资。有些 GP，对 LP 机构的"小朋友"并不是很热情，一心想见 LP 老大。其实 LP 里卧虎藏龙，我身边的几个 LP"小朋友"，一样很有实力，也投资了不少著名基金。

最后是要敬畏行业的道和术。道指的是对行业的大趋势成竹于胸，不逆天而动，有些机构靠"歪门邪道"迅速崛起一路狂奔，最后却"暴毙而亡"。术指的是对募资的策略和技巧运用纯熟，以及对 LP 需求精准把握，该抓住的机会不错过。有些机构不屑做品牌与制定策略，抱守着从前的辉煌，最后只能在存量募资世界里，碰得头破血流。

顶级 IR 修炼指南

投资者关系管理（IR），这一理念诞生于美国 20 世纪 50 年代后期，它既包括上市公司（包括拟上市公司）与股东、债权人和潜在投资者之间的关系管理，也包括在与投资者沟通过程中，上市公司与资本市场各类中介机构之间的关系管理。

有研究认为，在二级市场中，"极佳的"IR 能够将上市公司股价提升 10%，而"糟糕的"IR 则会将股价压低 20%。同样，在一级市场，"良好的"IR 也能够提高私募股权基金的募资成功率和募资额。

在"募、投、管、退"4 个环节中，中国投资机构最需要"进化"的是募资。募资的专业化可分为内、外两个部分：

外部主要是和第三方募资代理机构（placement agent）的合作。国外投资机构很多都会选择专业的募资代理机构进行资金募集的合作，而国内受困于基金募资观念的落后和缺乏优秀的募资代理机构，募资还主要依靠自身的 LP 关系；内部主要是制定募资战略和把这种战略计划通过专业的 IR 部门执行下去，国内投资机构普遍缺乏优秀的 IR 人才，不断涌现的黑马基金催生了大量的募资合伙人和 IR 岗位，对募资人才的争夺能力已成为 GP 的核心竞争力之一。

在这样的背景与格局下，对 IR 的能力要求也跟过去完全不同。顶级 IR 如何规划职业生涯？如何构建 IR 核心能力？

在中国创投从个人 LP 时代转向机构 LP 时代的历史背景下，对 IR 的能力要求也跟过去完全不同，IR 将成为"募、投、管、退"全流程的中枢。IR 管理基金的水平，也是机构竞争力和持续募资的潜力体现。

美元母基金的 GP 有非常专业的 IR，很多人民币基金没有这样的职位，往往是 PR（公共关系管理）、GR（政府关系管理）、IR"三 R 合一"，结果就是人民币基金中有太多不专业的 IR。有 LP 感慨："2017 年以后遇到太多奇奇怪怪的 IR 了，这个概率远远大于 2015 年、2016 年那会儿。记得那会儿遇到的 IR 大姐姐们，都还是那么的专业。"

以前行情好，募资相对容易，有时候只要展示公司投资的几个知名案例，对风险投资感兴趣的 LP 就会蜂拥而至，如今机构 LP 时代来临，只有越来越专业的 IR，才能在募资市场中生存下去。

全球权威投资者关系杂志 *IR Magazine* 公布调查报告，推出二级市场对于 IR 工作有如下九大评价标准：

1. 分析师覆盖水平；

2. 投资者交流 / 路演 / 活动；

3. 管理层评价；

4. 同行业可比公司的估值 / 评价 / 奖项 / 排名；

5. 投资者反馈；

6. 定期报告 / 信息披露；

7. 股价 / 成交量 / 波动率；

8. 股东构成；

9. 其他。

在目前的一级市场，尚未对私募股权基金 IR 的工作形成明确的评价标准，参照 *IR Magazine* 的评价方式，我列出了以下九大评价标准：

1. 募资总金额；

2. LP 资源丰富程度；

3. 募资路演水平；

4. 募资材料撰写（包括但不限于 PPM/LPA）；

5. 投资人关系管理；

6. 基金管理能力；

7. 专业知识能力（包括但不限于 IRR/DPI/TVPI/MOC/Hurdle Rate）；

8. 组织活动、公关能力（包括危机公关）；

9. 个人 IP。

达晨创投投资人关系部总经理刘畅，带领她的 IR 团队，负责达晨募资、投资人关系、品牌建设等工作，服务了近 500 名投资人和 100 多个专业投资机构。刘畅认为，IR 不但要关心募资，还要关心退出，要做好整个基金的管理，IR 不仅是一个募资的角色，顶级的 IR

还可以承担一个基金管理公司运营管理的职责，如果从这样的高度去思考 IR 的工作和定位，不同的层次就会带来不同的认知。

对于顶级 IR 如何修炼，刘畅提出了 4 点建议：

第一，观念先行。首先，思考一下，你所在的机构是一家投资公司，还是一家资产管理机构？二者是完全不同的。投资公司管的是自己的钱，不会面临那么大的退出压力，也不会需要有预见性的退出规划和流动性管理，自己的钱亏了就认了。但是资产管理机构是建立在信托责任之上的，本质是受托管理出资人的资产并在为出资人获取回报的前提下获得收益。这里面的逻辑是完全不同的。

第二，找到合适的钱。募资是以资金为纽带，建立长期可持续的关系。

在募资的时候，要考虑需要什么样的资金，以及跟这些资金建立了合作关系之后，双方互相能够提供的价值。资金来源或多或少会影响基金的投资策划、管理策划和退出策略。因此，找到合适的资金合作方，并建立价值观相互匹配的可持续的合作关系，对一个基金管理公司来说尤为重要。

第三，基金管理。基金管理是一项繁杂、琐碎、持续，而又高标准、严要求的工作。光是信息披露，就有月报、季报、半年报、年报，以及基金募集、投资、退出、分配等各种管理事项，还有中基协、证监会、保监会等系统报送。对内，基金管理是综合"募、投、管、退"全流程的系统性工作，需要跨部门的组织管理与协作；对外，基金管理是机构唯一对外的统一出口，因此，基金管理的水平和质量也是机构竞争力的反映。要做好基金管理，必须跳出繁杂琐碎的事务性工作，力求在顶层设计、系统架构搭建、IT 运营管理方面做一些主动性的规划，这样才可以节省大量的重复性劳动。

从另一个角度看，IR 是"募、投、管、退"全流程的中枢，是真实、全面、客观反映基金投资策略和业绩表现的落点，当一个专业的IR 了解并用好这些数据，看待问题的视角会有所不同，管理水平也会得到很大提高。

第四，投资人关系。基金管理是投资人关系的基础。专业的 IR 必须对所管理的基金、项目了如指掌、如数家珍。对整个基金投资策略、组合分布、生命周期、估值水平、分配预测、未来的走向，有一个比较准确的预测。谋定而后动，如果思考在前，在执行层面就能做得更有主动性，更有筹划的空间。

另外刘畅认为还有几个要点：

一个合格的 IR，一是要有高度的责任心。对于 LP 的问题或诉求，不推诿、不耽搁。所有事情到我为止。基金管理是跨部门跨周期的工作，很多时候 IR 也只是其中一个环节，甚至不是主要的环节，但面对LP 的诉求，IR 要有负责到底的担当，责任心很重要。

二是要能换位思维。IR 无法左右基金的业绩，但是 IR 的专业度，其实并不取决于这个基金的业绩表现。面对一只很好的基金，如果 IR 的工作做得不好，一样会被贴上不尽职、不专业的标签，相反，有了专业的管理，在基金业绩不佳或尚未体现回报的时期，也可以赢得 LP 的理解和支持。

三是建议大家把 LP 进行细致的分层、分级、分类，以便主动促成与不同类别 LP 的深度合作。投资行业的一九定律特别突出。10%

的项目可能贡献了基金 90% 的回报，相应地，10% 的 LP 可能贡献了 90% 的可持续的资金。对于贡献比较大、持续贡献强力大的 LP，要花更多的精力与之建立战略合作关系，战略 LP 要用全公司之力，甚至是要动用一些公司的战略资源，与他们深度合作。

四是找准定位。LP 因为什么来，就会因为什么而离开；机构传达了什么信息，就会吸引什么样的 LP。募资的时候越强调业绩，那么业绩在 LP 的决策中影响因素就越大。一旦与预期不符，LP 就会离开。因此，机构应该构建全方位的优势，塑造多维度的吸引力，这样与优质 LP 的合作才有可持续性。

五是要珍视 LP 的意见。以 LP 为镜，可以让 GP 保持敬畏、保持清醒、保持自律。珍视 LP 的意见，特别是其中挑战的、质疑的、拷问的意见，可以让 GP 不断提升自我。

从最低层次的传声筒到最高层次的管理合伙人，IR 在职业发展的各个阶段对应的能力也有所不同。但总结下来，以下七种核心能力将是 IR 必须具备的：观察能力、分析能力、沟通能力、自律能力、忍耐能力、学习能力、执行能力。

在 IR 的工作中，良好的观察力可以帮助 IR 透过大量的市场信息，准确预测市场变化，制定出最佳的募资计划，把握募资节奏，也可以透过观察找到与对方的共同点，快速拉近距离。而横向的观察其他同类基金维护 LP 的模式，也有助于优化自己的策略。观察不仅仅是简单地看，而且是用专业的眼光和已有的知识去揣摩、分析、发现重要的信息。

分析能力与细心观察密不可分，能观察得到信息，才能分析得出结论。IR 对于资金市场的分析，是其工作中的重中之重。作为一个专业的 IR，首先就要快速地了解游戏规则。观察钱在哪，分析不同类型的 LP 各自都有什么特点、诉求，LP 资金属性是什么以及筛选 GP 的规则。然后根据自己基金情况，拟订适合自己的 LP 列表，根据"轻重缓急"做分类管理。

人与人之间的沟通，一定是相互的，而 IR 作为卖方代表，更需要去了解买方的诉求。要告诉 LP，你能为他们提供什么，才是更加正确的开场方式。同时，与 LP 沟通的高效率，是现在募资难现状下，很重要的加分项。能否让你的潜在 LP 快速准确地了解并记住你和你的基金，很大程度上影响了你的募资成功率。恰当的交流方式，使谈话双方快速进入语境并理解自己，对 IR 的沟通能力有很高的要求。

忍耐是最不容易做到的，做过 IR 的人都知道，刚开始不知道如何拓展 LP 关系时要学会忍耐，LP 迟迟不回复推进消息的时候要忍耐，内部沟通配合出现问题也要学会忍耐。募资是一个持久的过程，不能一蹴而就。很多踏入 IR 行业的人之所以半途而废，就是因为不能坚持，觉得"我拜访了那么多 LP，为什么就没有一个可以投我的"。这个忍耐过程可能需半年、一年甚至更久。因此，机会主义者不适合做 IR，更不会进入顶级 IR 的行列。

由于 IR 工作的特殊性，很多时候 IR 人员需要单兵作战。他们每天要去维护、开发 LP，这些工作不可能完全在领导监督下进行。IR 如果真想偷懒还是非常容易的，比如故意去较远客户那里，本来半小时能谈完的事情却谎称谈了 3 小时或者申请出差拜访 LP，实际窝在酒店或者公费"走亲访友"去了。这种方式除了损害公司的利益，也阻碍了

IR 自身的发展，使其永远无法成为真正专业的 IR。成就不是靠"每日拜访表""每天情况汇报"逼出来的，而是完全靠自控。

知识每时每刻都在更迭。今天掌握的说不定明天就已经过时了。IR 所需的知识更为广泛，无论是"募、投、管、退"的基本功，还是行业知识，都是必须要掌握的。IR 募资是综合素质的竞争，面对烦琐的知识和信息，如果没有强大的学习能力，是很难参与竞争的。因此，在 LP 都在努力学习提升自己的今天，IR 要不断地向 LP 学习，向同行学习，做到人有我有、人无我有、人有我优！

IR 在执行计划时，遇到困难是常态，这时如果以一句"太难了，做不了"为借口，是很难做出业绩的。真正的 IR 精英绝不会一味强调困难，而是把注意的焦点放在如何克服困难上，最终找到办法，取得突破。如果你是让制度逼着干，那么你迟早会被淘汰；如果你是让领导或者优秀人员带着干，那么你只能吃饱肚子；如果你是主动干，你的收获将超出你的想象。

与以上的要求相比，目前大部分的 IR 还有一定程度的能力欠缺。

首先是专业基础知识的欠缺。IRR、DPI、TVPI、RVPI、MOC、AUM、Hurdle Rate 等专业知识是 IR 工作的基础，也是学习的难点。

其次是缺少社交资源。很多从 PR、GR 转岗过来的 IR 并没有形成自己的 LP 资源。另外很多 IR 也没有融入 IR 社交网络中，但 IR 个人单打独斗的时代已经过去，IR 之间互相交流扶助的新时代已经开启。

最后是个人品牌（IP）薄弱。很多 IR 由于资历浅，并且缺少个人 IP 意识，自身在行业里没有任何"存在感"。对于打造 IR 个人 IP，有以下 3 点建议：第一，个人特点的定位。寻找个人特点或者最优势的地方。第二，多在行业内发声。有意识地跟媒体搞好关系，既宣传了自己的机构，也宣传了自己。第三，有专业性的输出，如以写文章的方式来打造自己的个人 IP。

那 IR 该如何进行职业生涯的管理呢？

IR 的职业生涯，可以分为 5 个阶段：IR 经理 / IR 总监 / IR 总经理 / 募资合伙人 / 管理合伙人，不同阶段需要具备不同的能力。需要补充的一点是，当进入募资合伙人和管理合伙人的阶段之后，除去募资能力和基金管理能力，还要具备一定的战略、传播和品牌营销能力：

第一，要能讲清楚公司的战略和战术。

第二，要懂得传播和品牌营销。要通过媒体等渠道，把战略对外传播。同样一篇稿件，是给项目看的，还是给同行看的，还是给 LP 看的，定位不一样，写法和宣传的要点也不一样。传统 VC 的 PR，在媒体上传播的稿件，是以 PR 为导向的，对 LP 的有效信息量很小，对机构募资的帮助并不大，IR 要从募资的角度，思考 LP 需要看到什么样的信息，会对什么样的点感兴趣。

其实品牌建设，在宽松的募资环境下都是 GP 应该花大量精力和心思的业务。但是形成品牌的吸引力，绝非一日之功。品牌建设是一件需要长期下功夫去做和真正需要耐力的事情。业内做得好的机构，比如经纬创投，其多年来一直在品牌建设方面下功夫。

从合伙人个人层面来看，著书立说，长期输出行业观点和超水平的认知，也是 LP 从外部渠道了解其所在机构的重要手段。往往一个好的 GP，其核心团队必有一个行业意见领袖。而长期的品牌建设，对于 GP 的耐力是一个很大的考验。

如果能管理好自己的职业生涯，IR 大概率会有一个好的薪酬回报。IR 薪酬结构主要有 3 种：

第一种，工资＋年终奖；

第二种，工资＋年终奖＋募资提成；

第三种，工资＋年终奖＋募资提成＋股票期权。

很多业内著名的投资人自己出来做基金后才发现募资对自己来说是一个完全陌生的业务。之前在大平台不用操心的募资业务变成了新基金发展最大的障碍，很多投资人不得不花费大量的时间和精力去做自己不擅长的募资工作。在这种背景下，不断涌现的"黑马"基金催生了大量的募资合伙人和 IR 岗位需求，一个对 LP 圈子相对熟悉且自带资源的 IR，起步年薪在 50 万元左右，高端人才年薪过百万元。

拥有专业知识，并且具有一定个人 IP 的 IR，正在成为很多投资寻找的对象，而顶级的 IR，其个人品牌甚至已经超越了其所在机构的品牌，而具备这种能力水平的 IR，往往能够拿到所在机构的股权。

对于未来什么样的机构能够生存下来，道合金泽主管合伙人葛琦认为："投资机构短期赚钱靠情绪，中期赚钱靠业绩，长期赚钱靠格局，未来有格局、有能力的投资机构一定能够活得很好。"而这样的评价也适合作为对 IR 的判断，未来能够不断成长，成为基金管理合伙人甚至取得更高成就的 IR，一定是最具大格局的 IR。

募资市场新 10 年

全球私募市场在过去 10 年的增长着实令人印象深刻，各类私募投资的总资产管理规模在 2019 年增长 10%，再创新高。未来 10 年，中国乃至全球募资市场，会有哪些趋势呢？我认为有 4 点值得关注。

首先是小型 GP 被淘汰的进程将加速。根据麦肯锡报告数据，规模在 50 亿美元以上的超级基金正日益主导私募市场，占 2019 年融资总额的一半以上。而 10 亿美元以下的基金份额已经跌至 15 年来的最低点。但几乎没有迹象表明基金之间会通过整合的方式来扩大规模。尽管活跃的私募股权公司数量持续增长，但淘汰的公司也比以往任何时候都多。这是因为很多新进入的 GP 仅仅募集了一只基金就不再继续做下去了。这种"投一笔就退出"的"策略"是小型 GP 新增数量多但市场份额小、淘汰率高的主要原因。

其次，巨型基金（mega-funds）将掀起新浪潮。随着各类机构投资人的持续涌入并不断加码，2007 年前后，美元私募股权投资市场上第一次涌现出了一批规模超过 50 亿美元的 mega-funds。黑石集团、华平投资、TPG 当时都分别成功募得了超大规模的基金。过去几年，美元市场的募资规模仍处于历史高位，巨头们纷纷募集 mega-funds。尤其是在 2016 年，1000 亿美元的愿景基金横空出世，震撼了全球投资行业，刷新了人们的认知。从全球创投市场来看，1000 亿美元大致相当于 2014 年年中至 2016 年年底两年半时间内美国所有 VC 募集到的资金总和。

2018 年，高瓴资本募集了高达 106 亿美元的新基金，打破了另一家老牌基金 KKR 创下的亚洲地区单只基金 93 亿美元的纪录。据 2020 年 4 月底的市场消息，高瓴资本正在募集一期新的美元基金，目标规模高达 130 亿美元！

　　未来 10 年，受全球化逆潮、中美贸易战和经济危机等全球金融市场的潜在因素影响，一些 LP 的心态也会趋于保守，将会更倾向于押注在头部机构身上以寻求更安全的保障，私募股权投资行业的马太效应会愈发显著，mega-funds 或许会成为一种流行趋势。

　　再次，S 基金将更受青睐。LP 出于降低风险和提高流动性的需求，将会加大对 S 基金的配置比例。根据 PEI（Private Equity International）的统计，尽管新冠病毒在全球肆虐，S 基金的募资却在 2020 年第一季度创下了历史新高，共有 10 只 S 基金完成了合计 242.7 亿美元的募资。较之 2019 年全年 369 亿美元的募资额，2020 年仅第一季度的募资已经超过 2019 年全年的 60%。

　　最后，对"长钱"的争夺，成为募资市场的核心。中国的私募股权市场，正处于从个人 LP 到机构 LP 的转变之中，越是长周期的资金，越会配置给头部的投资机构，越是优质的投资机构，越容易拿到长周期低成本的资金。而那些能够在头部基金夹缝中成长起来的小型新基金，背后一定离不开机构"长钱"LP 的大力支持。对机构 LP 的争夺，成为未来募资市场的核心竞争之一。

解密"中国式 PA"

　　作为一个新兴投资市场，中国母基金行业的可靠数据严重缺乏，各家投资机构和各种风险投资协会以及其他研究组织，甚至无法在最基本的"母基金"定义上达成一致。对于 PA 这样一个新兴事物，就更是如此了。

PA 体现的是一种典型的中间人经济。中间人在交易中主要扮演了 6 种角色：

搭桥者。通过缩短物理空间、社交或者时间上的距离促成交易。

认证者。去伪存真，为买方提供关于卖方质量的可靠信息。

强制者。确保买卖双方全力以赴，互相合作并坚守诚信。

风险承担者。减少波动和其他形式的不确定性，尤其适合风险厌恶型交易者。

礼宾者。减少纷争，在客户面对纷繁信息时协助其做出明智的决策。

隔离者。协助客户获得所需，避免给人留下贪婪、过度自我推销、喜欢挑衅的恶名。①

PA 作为 LP 和 GP 之间的服务商，实际上也是交易的"风险承担者"，分摊了一部分 LP 和 GP 的风险，减少了双方的不确定性。同时作为"认证者"和"监督者"，也具有保证交易双方诚信的功能和职责。

我们在这里讨论的 PA，国内并没有约定俗成的官方翻译，有的翻译成"资产配置顾问"，有的翻译成"私募中介"或"募资中介"，有的时候在定增中翻译成"承销商"。2019 年光尘资本顾问专门为此发起了网络投票，得票最高的中文译名是"私募配置顾问"。

通过翻译名称，可以看到一个有意思的现象：如果翻译成"资产配置顾问"或"私募配置顾问"，核心关键词就是"配置"，所满足的应该是 LP 的需求；而如果翻译成"私募中介"或"募资中介"，核心关

---

① [美] 玛丽娜·克拉科夫斯基. 中间人经济：经纪人、中介、交易商如何创造价值并赚取利润？ [M]. 唐榕彬，许可，译. 北京：中信出版社，2018: 导论。

键词就是"中介"，类似于 FA（融资顾问），所满足的就应该是 GP 的需求。

那 PA 究竟应该倾向于 LP 一方，还是 GP 一方呢？

实际上，LP 对 PA 的评价取决于对 PA 的需求，不同类型、不同段位的 LP 对 PA 的看法必然存在着差异。

例如耶鲁大学基金会创造了近 17% 的年均回报率，这在同行中无人能及，耶鲁大学捐赠基金也因此被称为 LP 之中的"王者"。在他所著的《机构投资的创新之路》一书中，他对咨询公司（包括 PA）的厌恶之情溢于言表：

> 咨询顾问为了保住自己的饭碗，不会去推荐刚刚起步的投资管理公司，因为这会为客户带来组织和投资方面的双重风险。对咨询公司的客户来讲，更加不利的因素是两者之间的利益冲突。咨询公司出于自身利益的考虑，不希望客户发展独立的能力，而希望客户一直依赖其提供咨询服务。在极端的情况下，咨询顾问甚至向客户推荐表面上从客户利益出发、实际上完全是为了赚取咨询费的项目。

然而"王者"只有一位，大部分 LP 对 PA 还是有一定的需求。需求有了，还要看 PA 有没有本事辅助好 LP。好的 PA 一般都有以下三项能力：

首先是专业性。PA 的存在是投资行业分工极致化的一种表现，国外 PA 机构的合伙人，一般都曾经在大型投行或者 GP/LP 机构中任职，有着丰富的行业经验，当然经验值只是表象，个人专业实力才是根本。

其次是影响力。美国智库的"旋转门"机制，是典型的"一朝天子一朝臣"，每次换届选举后，官员的变动多达千人。政府部长等高级阁员不是由议会党团产生，也极少来自公务员，大多来自智库或商业机构，也包括投资行业。每隔 4 年，很多卸任的官员也会到智库或者商业机构任职。比如美国总统竞选人罗姆尼，就是贝恩资本的创始人，而黑石集团的创始人之一彼得森，就是美国前商务部长。

最后是表达力。表达力包括两个方面，一是认知的输出能力，通过专业输出建立行业"话语权"；二是谈判能力，很多专业人士并不善于与人沟通，而 to B 行业中的谈判能力也十分关键，有时候甚至决定着合作的成败。

如果已经具备了以上能力，那 PA 在定位的选择上就会具有一定的主动性。比如当年刚在 PA 行业起步的吉姆·乔治，就倾向于 GP 黑石这一边。

苏世民曾这样描述吉姆："他告诉我他以前从来没有做过代理工作。多年来，他一直是交易的另一方，曾担任俄勒冈州的首席投资官，当时他手下的养老金是全美首只投资私募的州养老金。吉姆实力超群，这一点远比任何一家大型融资代理机构的名头重要。跟随吉姆一起拜访养老基金，从最小的基金，到最大的基金，这些养老基金的经理见到他，就像见到了自己人。有了吉姆的引荐，我们为第二只基金募集到了 12.7 亿美元，这是当时全球最大的私募基金。"

如果以上 3 项能力都不具备呢？那 PA 也就只能把定位倾向于 GP 这一端，以"中介"为核心了。这个时候，PA 的工作基本上就是帮助 GP 准备募集材料，寻找潜在意向投资人，安排与 LP 的会议、路演、后续的对接，以及 LPA 等法律文件的签署以及最终交割，能力相对强一点的 PA 还会帮助 GP 梳理募资策略，做一些更有技术含量的工作，但天花板还是很明显，无法突破服务 GP 的层面。

中国母基金行业和西方相比，有着明显的不同：国外养老金、主权财富基金、大学捐赠金等大型机构 LP 占据了几乎半壁江山，头部效应非常明显，比如体量巨大的加拿大养老基金、魁北克储蓄投资集团、加州公务员退休基金、安大略省教师养老金计划等，是相对标准化的市场，而中国投资行业还处在从个人 LP 时代到机构 LP 时代的转变中，是相对非标的市场。

根据清科研究中心的数据，2019 年中国的股权投资市场，活跃机构及个人 LP 参与了 2600 余只基金的出资，人民币基金 LP 出资额超9600 亿元，其中国资 LP 出资额占比 70.4%，市场化母基金出资额仅为 190 亿元，占比约 2%。在这种行业环境下能生存下来的市场化母基金，基本都是"王者"级别的，比如前海母基金和紫荆资本等，不太需要 PA。如果国内 PA 的屁股想坐在 LP 这一端，那也只能坐在国资LP 这边了，然而它需要的能力和国外 PA 的能力大不相同。

PA 这一职位的发展在国内还处于早期萌芽阶段，勉强可以分成3 类：

第一类是平台型。可以细分为商业化平台和非商业化平台。

商业化平台的主营业务不一定是 PA，PA 有可能只是平台的一部分服务内容，以非专业 LP 人才为主的团队来做 PA，要想做好并不容易，有 3 条路径可走：

一是升级自己。这方面，可以学习美联储前主席格林斯潘。他曾经在大学毕业后在世界大企业联合会委员会任商业研究员，也写过很多分析文章，很多企业高管都曾拜读过格林斯潘在世界大企业联合会工作时所写的文章。格林斯潘创业时，这批人就成了公司最早的一批客户。通过一点一滴的积累，格林斯潘拓宽了他在经济领域的圈子，包括后来发展成为先锋集团的惠灵顿基金公司。

升级自己的另外一个途径是将主要客户转化为战略股东，围绕他们进行定制化的服务，建立资源共享平台。引入跟自己业务相关的战略投资者，以更低的销售成本，服务甲方的诉求。甲方的诉求中，PA也许只是一个小切口，利用平台优势，可以拓展出更多赚钱的业务。

二是更新团队，寻找更专业的人才加入。

三是做好行业基础设施的搭建和服务，比如 IR 的培训工作。

这 3 种方式也可以结合起来。对于非商业化平台来说，PA 业务也只是挣个名声，图个影响力，即使有收益，也不是主要目的。

第二类是专业型。国外 PA 有很多有大 LP 买方背景出身的人，国内从 LP 买方出来做 PA 的人很少，而从国外 LP 回国的人，主要的选择是大型投资机构，比如真格基金的董事总经理刘元，在加入真格前任职于 Greenspring Associates，负责母基金投资。

由于国内外 LP 的结构差异，对人民币国资背景的 LP 相对陌生，国外买方背景出身的 PA，往往更适合美元的风格。而美元基金有相对固定的 LP 关系和募资场景，所以在国内专业型 PA 将会面临更加全球化的竞争，适合小而美的专业团队。

第三类是业余型。这类机构既没有甲方背景，又不愿意踏踏实实地做平台服务，试图通过做 GP 与 LP 之间"简单粗暴"的中介对接。行业乱象往往出自这些机构之手：有的机构连自身机构简介的 PPT 都是"像素级"抄袭；有的机构租个酒店包间，就敢号称 50 家 LP 现场对接，有一次参会的某 GP 直接在朋友圈吐槽："我来了直接坐在第一排，LP 没见着，最大的收获是签到送加油卡……"

国内的 LP/GP 机构，跟 PA 合作的现状又是怎样的呢？

首先，国资背景的 LP，很少会选择和专业型 PA 合作，国资如何花钱有着自己的行为方式和逻辑考量，并不完全市场化，它们大多活跃在大型第三方服务机构或者平台型 PA 的活动和媒体文章中。

其次，国内头部的一线 GP，也很少会选择和专业型 PA 合作，这些 GP 一般都有自己常年合作的机构 LP，经常超募，至少是不太为募资发愁，他们也很少出现在行业峰会或者一般的活动中，基本上只存在于自家主办的活动或者一些高端私密小局。

再次，国内准一线 GP 和中型 GP，是和平台型 PA 和专业型 PA 合作的主力部队，有一定规模的管理费支撑，可以支付一定的募资前置费用或者会员费/月费等，也有通过募资壮大自己管理规模的诉求，但通过自身实现又有困难，因此 PA 是最好的"辅助"。

最后，是一些有钱但不愿意为专业买单、不愿意支付前置募资费用或者会员费/月费的机构，而一些小型初创阶段的 GP 以及一些不太正规的 GP，出于各种原因无力支付费用或者不愿意付费，基本上出没于非商业性 PA 平台或者业余型 PA 的活动中。

从效果上看，和 PA 的独家合作模式（exclusive placement agent）明显要好于"广撒网"的模式，双方的合作更深入和精准；从数据上看，因为目前国内还没有 PA 募资效果的具体量化数据，只能从行业以及与 PA 合作的机构口中得到一些非量化的反馈，所以无法判断何种类型的 PA 更有效。

那究竟如何更好地与 PA 合作呢？

第一，对自身机构要有清醒的认识。比如，每年有多少管理费，单币基金还是双币基金，有没有 IR 或者募资团队，现有 LP 结构是以个人为主还是机构为主，是首次募资还是已经管理多期基金的成熟团队，当期的募资策略是否有变化、有没有基石 LP、基石 LP 的出资比例是多少，上期基金的业绩是否理想等。

第二，对 PA 有全面的了解，最好不要与不够了解的 PA 合作。比如，这是个什么类型的 PA，平台型、专业型还是业余型；有没有成功的案例；聘用这个 PA 成本到底有多高；相关费用在基金和 GP 之间如何分摊，对基金文件有什么影响；募资费用如何收取，是年费、月费还是按次收费；有没有前置费用，如果有，前置费用能否在后续的佣金中扣除。

第三，要未雨绸缪，不要临阵磨枪。很多 GP 都是募资遭遇困难之后，才开始考虑与 PA 合作，例如首次募集且缺乏基石投资人或者核心团队"单飞"之后，即使再优秀的 PA，也很难挽救本身存在重大缺陷的基金。PA 对于 LP 的兴趣点、内部动态以及是否真正有出资能力的信息，要远强于一般 GP 内部的募资团队或 IR，好的 PA 能帮助GP 完善募资策略、提高信息传递的有效性、扩展真实有效的 LP 关系、优化内部业务流程、处理尽调问题并协助 LPA 条款的谈判、及时获取LP 的反馈并化解异议。基金募资是一项系统工程，一定要有长远的规划。

第四，有适度合理的心理预期。在目前的母基金行业大环境中，募集一只基金实际所用的时间，只会比 GP 预期的更长，少则半年，多则一年甚至更长时间，而且中间有很多不确定性。即使一家优秀的PA进场，也不能保证其一定能成功。既不要把PA贬低得一文不值，也不能把PA当作募资成功的保证，天时、地利、人和，有时甚至是运气，缺一不可。

第五，要尊重PA，敬畏专业。无论最终是否合作，一般来说和PA的线下会面都是GP难得的学习机会和宝贵经验。一定要把自己机构的难题和困境适度地和PA交流并听取意见，如果决定合作，最好采用独家合作，而不是采用"广撒网"的模式。另外如果GP不尊重PA的时间成本，拒绝前置付费，只想有结果之后再付费，就无法形成牢固的共生关系。有时候，免费才是最昂贵的东西，为了省钱白白浪费了时间，有可能只是几天之差，就会发生意想不到的变化，甚至引发蝴蝶效应，满盘皆输。

第十五章　"退出"的大门正在被打开

清朝也曾通过洋务运动短暂"中兴"，并且建立起了强大的北洋水师。

可惜后来"亚洲第一舰队"北洋水师的军费被大 LP"老佛爷"挪用修了园子，而舰队在甲午战争中灰飞烟灭。一个多世纪过去，颐和园这处超级地产的估值已是天价，但清朝这个大 LP 却没能熬到投资退出的那天便于 1912 年年初宣告破产了。

流动性焦虑

2017 年年底的"资管新规"，虽然本意是对百万亿元的金融资产去杠杆，却也间接误伤了近 10 万亿元的风险投资。而意外到来的新冠病毒疫情，对投资行业的破坏更为直接。母基金元禾辰坤 2020 年 2 月份复工后做了一份调研，调研对象包括 64 家所投 GP 和其他 40 家市场化 GP 的主管合伙人：33% 的 GP 希望监管部门能够适当开放资管新规，为市场增加资金端的供给；22% 的 GP 建议降低行业税负，以吸引更多民间资本参与股权投资，期待新政出台能够增加流动性。

影响投资机构资金快速流动的第一关，是基金备案。2018 年 8 月，广州市全面暂停私募基金机构的工商注册登记，北上广深杭这五大私募聚集区域的最后一块可注册私募公司的"净土"亦告失守。

老鹰基金创始人刘小鹰参与过几次证监会和中基协召开的创投行业政策咨询交流会，每次他都会提出对流动性的建议："创业者在什么都没有的时候我们投资了，但这些企业大部分都走不到上市那一天，好不容易等到上市了，一般要禁售 1 年，持股比重大的还要锁定 3 年，往往基金都到期要清算了，股票却还没解禁。"

2020 年 3 月 6 日晚 8 点，北京西城区金融大街 19 号富凯大厦 A 座，灯火通明。新三板转板指导意见和创投基金减持新规重磅落地。

期盼已久的制度性改革显然为人民币风险投资乃至整个私募股权投资行业带来了希望，但要将制度红利真正变现，尤其是解决市场上积压已久的"堰塞湖"，显然需要以时间换空间。而对于未来新募基金的退出模式，至少在理论上也有了比较明显的改善。

清泉石资本执行合伙人刘晨茹，长期从事宏观策略和行业研究。刘晨茹提醒，政策是多变的，认知和逐步建设自身能力圈更为重要，因此投资机构需要理性评估各自组合的风险、收益和流动性。利好政策对早期和长期投资更为鼓励，但从另一方面来说，政策的改变可能会加速科技领域早期投资的泡沫形式进程。

关于募资，星界资本创始管理合伙人方远给出了自己的看法："退出环境的改善利于机构现金回流，提高基金 DPI、IRR，对于募资有一定利好。但同时也意味着 LP 对业绩的要求会更高，更注重投资组合的质量本身。短期来看，受疫情影响，今年的募资环境还是相对艰难。"

华金资本基金管理部总经理陈蕾判断，如果退出利好机会是均等的，那反而就不是什么特别的利好了，谁能做得更出色，核心还是硬实力。退出的效益不同有可能进一步促进机构的分化。

募资端分化的消息最先到达战场。2020 年年初 CMC 资本完成第三期美元募集，总额超过 9.5 亿美元，远超其目标规模；高瓴资本成立首期 100 亿元的高瓴创投，专注早期投资，并在致创业者的信中宣告："总要有人开始迎接春天。"

谁是"利益攸关方"

利益攸关方（stakeholder），是时任美国副国务卿佐利克在 2005 年就中美关系演讲时提出的一个国际关系专业术语，通俗的解释就是受益的人和利益受损的人。究竟谁在这些新政策中"受益"？谁又在新政策中"受损"？

钛资本方昕博士认为，受益者可以分为两类：

第一类是一级市场基金管理者或投资者。如果投资的公司很优质，好不容易熬到它上市，对它的未来是看好的，投资者其实是不想卖其股权的。但是没办法，要给 LP 一个交代。如果投资的公司差强人意或估值过高，管理者就可以更快地、合理合法地在二级市场上卖了。这就像击鼓传花，鼓点越来越密时，花就可以早点传出去，大家才能早点喘口气。

第二类是未上市创业企业。GP 把钱收回来了，才有信心说服投资人继续投钱。业内有个暗语：你们基金有子弹么？没子弹，枪管就算是金镶的，猎物就算是千年一遇的神雕，也没辙。所以，资金回流、投资人信心增强，对于其他未上市公司确实是利好。这种信心的提振，最直观的表现就是几乎所有创投媒体，都在解读利好政策带来的希望，一位 LP 在朋友圈里留言："这是最好的生日礼物。"

关于可能的受损者，方博士认为股市其实和菜市场差不多，先上市的土豆好卖，后上市的土豆就不好卖了。所以等你种的土豆终于上市，可能价格就得跌到"破发"。而那些很早就买了昂贵土豆的人，会不会气得发誓三天不去菜市场了呢？

任何一个规定出来，都是几家欢喜几家愁。关键是我们要知道，人家为什么欢喜，又为什么愁。以及，我们要如何欢喜，如何不愁。

在高特佳执行合伙人范大龙看来，定增新规开启了一个新的时代："先知先觉的机构投资人是最大的受益者，如高瓴以 23 亿元拿下凯莱英的 8 折锁价定增，当天涨停板浮盈 40%，开启了一级半市场的疯狂前奏。截至 2020 年 3 月，36 家公司已发布定增预案或调整定增方案，其中创业板公司数量过半。"

拥挤的"窄门"

根据国外数据公司 Pitchbook 的统计，2018 年美国私募股权基金退出，S 基金占比 52%，并购占比 43%，IPO 占比仅在 5% 左右。根据清科研究中心的统计，2018 年我国 S 基金交易共发生 592 起，可获知的交易金额为 233.64 亿元，加上未知部分的推算，全年交易额为 676.32 亿元，与 IPO 和并购退出相比，仍是窄门中的窄门。

但窄门也越来越拥挤。2019 年年底，首期规模 50 亿元、总目标规模 100 亿元的深创投"S 基金"成立。深创投董事长倪泽望表示："国内 S 基金的系统性机会来临了。"君联资本和昆仲资本这两个标杆案例的出现，标志着国内 S 基金的市场从概念期过渡到落地期，具有里程碑式的意义。

2018 年以来，有些机构和地方政府提出，建立 S 基金线下交易所或线上交易平台，比较有代表性的思路是将二级交易标准化，通过交易要素拆分、结构化安排等操作，设计出标准化产品，再将标准化产品在私募股权二级市场交易所进行交易，吸引更多的机构、投资人参与其中。

其实早在 2010 年，中国首个 S 基金交易平台——北京金融资产交易所就已经诞生，后来又成立了上海股权交易中心，只是受困于信息不对称、尽调复杂、定价困难、中介机构服务缺乏等难题，最后都没有达到预期的效果。

深创投"S 基金"投资部总经理吕豫认为，要想做好交易所一定要做好基金份额的动态估值体系，对交易形成一个快速估值和定价的模型，这样才能为未来 S 基金之间的交易或者 S 基金交易提供可能性。

国盛金控母基金、弘大资本 CEO 吴文耀对这个市场已经跟踪多年，参与过中国最早的 S 基金产权交易市场北交所的搭建，他判断 S 基金想从"场外市场"转向"场内市场"，要走的路还很长："5 年之内不会出现场内市场。"

从单选题到双选题

对回归的中概股公司而言，在境内选择哪个板上市，主要取决于公司自身的实际情况和战略决策。当然，一些公司也可以在私有化完成后选择作为私人公司继续经营一段时间再去上市。但对于多数规模较大的中概股公司，尤其是有财务投资者参与私有化，在海外遭遇低估的中概股公司，都会选择尽快再次上市，以打通资本渠道，促进公司发展。选择再次上市地的主要考量因素有 3 个：一是估值，二是上市条件，三是时间周期。①

2019 年中国"纳斯达克"科创板横空出世，定价和交易方面又和港股相似，很多企业开始纠结，到底该在哪上？创业板的高估值和高预期，甚至吸引了一些已经够上主板申请条件的公司，也在科创板和主板之间做着单选题。

科创板首次将核准制改为注册制，允许同股不同权、VIE 架构（协议控制）及红筹股在满足一定条件下上市，与以往的拆除红筹架构上市途径相比，在一定程度上降低了境内上市的成本，同时随着美国监管政策的变化，对中国小企业的 IPO 门槛收紧以及对可能遭遇浑水做空的担忧，回归成为热点。目前在科创板注册成功的企业中，通过拆除红筹架构于科创板上市的企业不在少数。

2020 年 2 月 27 日上午 9 点 30 分股市开盘之际，华润微电子在无

---

① 张立洲，乔加伟. 战略与套利：海外中概股回归与上市之路 [M]. 北京：中信出版社，2017:220.

锡市滨湖区梁溪路 14 号的总部一楼大厅里，模拟上交所临时搭建了视频现场，以创新的"云鸣锣"方式在 A 股科创板上市，开创了红筹企业登陆境内资本市场的先河。

虽然 2019 年年底阿里巴巴时隔 7 年重回港股上市，成为首个同时在港交所和纽交所上市的中国互联网公司，但对于很多未上市公司和 PE/VC 的退出意义不大，毕竟中国互联网巨头有限，也不是谁都能投中的。反而是华润微电子这个案例对于未上市科技公司具有极其重要的标杆意义，未来可能会有更多此类公司主动搭建红筹架构，以同时保留境外和境内上市的可能性，把退出这道单选题做成双选题。

除了以上退出场景，机构们还做出了很多其他有效探索。

探索一：收益权质押。基金投了项目已经上市，但是减持有限制。LP 如果有流动性需求，怎么办呢？可以通过收益权质押的方式释放流动性。当项目上市后，说明这个标的已经被二级定价，归属于这个基金的 LP 和 GP 的收益相对确定，如果相关人同意，收益权就可以被质押。收益权打折后可以进行交易。

探索二：GP "FA 化"。一些头部 FA 早已"GP 化"，如华兴资本、以太资本、光源资本、汉理资本等，而 GP "FA 化"可以分为主动和被动两种：主动"FA 化"的主要是一些头部 GP 的"一箭双雕"；而一些 GP 募不到钱，收不到管理费，只能把更多精力放在已投存量资产的处置上，就被动地变成了 FA。

募资寒冬引发了中国 PE/VC 投后管理的一次重大变革：以"退出"为导向的投后理念深入人心，以"退出"为核心能力重组投后团队成为重点。在这种大背景下，美元基金 LP "四大金刚"之一的王彪文，到君联资本后负责中后台业务，并最终完成了美元 S 基金交易。

探索三：做培训。培训业务可以补充投资机构现金流，可以增强品牌势能，还不用分投资业绩给 LP。代表性案例有创新工场联手耶鲁管理学院推出的"耶鲁创新学者"项目、泰合资本和清华五道口金融学院共同发起的"崇岭计划"、经纬创投主办的"亿万学院"等。从长期视角来看，这些学员都是潜在的 LP，将来或许也可以一起合作"边车基金"。一些大型投资机构在设立主基金时，也会为个人投资者成立一个小的"边车基金"，但通常只会开放给机构的主要社会关系、前任管理层及其他重要的商业伙伴等。例如美国最富声誉的 25 家风险投资机构，几乎不接受个人投资，即使接受也是以边车基金的形式运作。①

"退出难"让 LP 对 GP 的不满情绪逐渐上升，根据《母基金周刊》联合科勒资本发布的中文版《全球私募股权晴雨表》的数据，40% 的 LP 对回报感到失望。据外媒报道，由于一期基金的退出不畅，愿景基金二期的募资规模最终可能不到原定 1000 亿美元的一半，直接缩水 500 亿，而且几乎所有资金都来自软银集团自身。

中国 LP 的构成和国外差别很大，政府和国有资本占据主流，肩负的责任和使命决定了它们不会轻易退出市场，但也并不会无所作为。2019 年 9 月，深创投在自家官网上，首度公示了 25 只被清理的子基金名单。2020 年 2 月，财政部发布通知，对财政出资设立的政府投资基金加强监管，政府引导基金进入预算 + 绩效管理新时代。

虽然一些"退出"的大门正在被打开，也有"退出"的大门正在逐

① ［美］伦纳德·A. 巴特森，肯尼思·M. 弗里曼. 风险投资的逻辑与常识 [M]. 高源，李珍凤，译. 北京：中信出版社，2019:85.

渐关闭，比如美股市场的中概股。大部分中概股都是小众股，且破发比例远远高于美股的平均水平。再加上中国宏观经济状况、中美贸易关系紧张等外部环境，以及企业微观层面的因素，中概股的表现参差不齐，造成了很多中概股的日常交易量非常有限。这导致了许多中概股虽然成功实现了上市，但事实上却因为二级市场的交易缺乏深度，这些企业的早期投资人无法真正实现退出。

第十六章　山川异域，风月同天

2018 年之后，中国资产管理行业处在深刻变革的十字路口，几股力量正在共同塑造行业的全新格局：

首先，"资管新规"稳步实施，银行理财子公司纷纷宣告设立，银行、保险、基金、券商、信托、期货、互联网金融科技公司等百舸争流，鲶鱼效应搅活市场，一个倡导更加公平公正的竞争格局正在形成。

其次，金融开放进程加深。境外资管机构携先进的投资理念与运营机制加速进入中国，势必将成为大资管群雄逐鹿的重要一极。而中国投资机构正加快出海的步伐，开始在全球范围捕捉机会。

最后，ESG 等"可持续金融"理念开始在中国母基金行业生根发芽，并由此向其所投的基金和项目开枝散叶。

在全球"大池塘"捕捉机会

2018 年的 4 月，在博鳌亚洲论坛上高层领导宣布大幅度放开金融业对外开放，随后相关部门公布了各项金融开放的措施，金融开放准入条件不断放宽。

2019 年国务院金融委公布的 11 条开放措施中，一半以上与资产管理行业的开放直接相关。外资资产管理机构可以通过参股、控股或独资等途径，参与金融资产管理公司、理财公司、养老金管理、保险资产管理、公募基金、私募基金等各领域，向不同监管机构申请各类资管牌照，在大资管格局下集团化运作。

2020 年 2 月，全球知名投资管理公司橡树资本的全资子公司已在北京完成工商注册，成为抗击疫情期间在京落户的第一家顶尖美资私募机构；2020 年 3 月，高盛、摩根士丹利已分别将其在合资证券公司的持股比例增至 51%。2020 年 4 月 1 日公募基金管理公司外资持股比例限制取消当天，贝莱德、路博迈两大外资资管巨头就向中国证监会提交了设立公募基金公司的申请。

2020 年 3 月，修订后的《中华人民共和国证券法》实施，这是一个巨大进步，对从核准制到注册制的改革、发行定价的改革、上市公司标准的选取，都做了重大调整。

2020 年 4 月，由多家银行理财子公司等重量级资产管理机构发起的"北京资产管理协会"正式挂牌成立，首批创始会员 60 家，横跨银行、证券、保险、基金、信托等多个行业，涵盖国内外最重要的一批资管机构，会员单位在管资产规模达数十万亿元，是国内目前管理资产规模最大、综合实力最强、覆盖范围最广的第一家"大资管"行业自律组织。北京资产管理协会的成立，首次突破了原资管子行业范围，顺应了新时期的监管要求，实现了横跨"大资管"各领域的行业自律。

2020 年 5 月，中国人民银行、国家外汇管理局发布《境外机构投资者境内证券期货投资资金管理规定》，进一步落地并细化了取消合格境外机构投资者（QFII）和人民币合格境外机构投资者（RQFII）投资额度限制相关政策；同月，中国人民银行、银保监会、证监会、外汇局等四大核心金融监管部门，发布《关于金融支持粤港澳大湾区建设的意见》，支持内地银行向港澳地区的机构或项目发放跨境贷款、开展贸易融资资产跨境转让业务、支持设立人民币海外基金、允许港澳机构通过 QFLP 在大湾区参与设立 PE 和 VC 基金等。

与本土机构投资者相比，国外机构投资者的投资组合覆盖范围更广，可以跨国进行资产配置。庞大的商业网络使其在本国和外国、企业和投资人之间发挥着信息传递的桥梁作用，由此而产生的正外部性更加明显。除了具备传统机构投资者的共同特征外，国外机构投资者还具有一些独特性质，如更加独立于本地管理层、持有更加多元化的股票组合等，因此在对上市公司的监督过程中更具特长和优势。具体而言，国外机构投资者对企业创新的正面作用可以通过监督渠道、保险渠道和知识溢出渠道实现。[①]

中国金融市场进一步开放，是改革开放进程的必然选择，是基于风险评估基础之上的坚定决策，也是针对反全球化的逆流，进一步加强同世界联系，使中国与世界共同发展。在中国金融开放加速的大背景下，境外资管机构纷纷加速在中国的布局。

在开放国内金融市场的同时，我国金融机构和投资者也正在更

---

① 田轩. 创新的资本逻辑：用资本视角思考创新的未来 [M]. 北京：北京大学出版社，2018:292-293.

多地参与全球金融市场。中国资本出海的步伐也开始加快，包括保险机构、三方财富等多种类型的投资机构都开始在全球"大池塘"捕捉机会。

境外投资是保险机构大类资产配置的重要渠道，根据中国保险资产管理业协会的数据，截至 2018 年 12 月底，保险机构境外投资余额超过 700 亿美元，占行业上季末总资产的 3% 不到，距离 15% 的监管上限尚有一定距离。从投资机构看，已经有 50 多家保险公司具备境外投资资格，但从事境外投资的机构主要集中于少数大型保险机构。比如中国再保险集团和阳光融汇资本，投资了 KKR、黑石和摩根士丹利等。

从投资区域看，境外投资主要集中在中国香港、美国、英国和澳大利亚等发达地区和国家，发展中地区涉猎相对较少。从投资标的看，已从股票扩大到股权、股权投资基金和房地产投资等领域。从资产配置结构看，传统类别资产和股权、不动产等另类投资资产大致各占一半。

宜信、歌斐等三方财富机构在全球化布局方面，一方面是"走出去"，用海外的投资帮助国内的客户，另一方面是引进来，对接海外资本，帮助其投资国内市场。宜信财富还成立了私募股权美元母基金，全球配置于北美、欧洲等发达国家以及亚洲新兴市场等战略重点地域，涵盖风投、成长、并购及二手份额等策略，进而捕捉全球优质稀缺的投资机会，与全球超过 50 家 GP 建立了深度的合作关系，涵盖了黑石、KKR、凯雷等"白马"基金以及襄禾资本等"黑马"基金。

中国 ESG 投资新突破

最近几年，"可持续金融"成为全球投资关注的一个大趋势。2018年7月，二十国集团（G20）在阿根廷峰会上对"可持续金融"做了界定，包括 ESG、影响力投资、普惠金融及企业社会责任等方面。

而跟母基金行业关系最密切的是 ESG。ESG 投资"义利并举"的使命感无疑是可敬的，通过适当的投资决策，为社会发展、环境保护带来积极的影响力，何乐而不为呢？然而，在带来正面社会及环境影响力的同时，确保良好的投资财务回报，这样两全其美的理想状态在现实中可以完全实现吗？

从全球的实践来看，目前众多知名的一线投资基金都已经将 ESG 要素纳入投资流程，比如规避 ESG 风险，不投资烟草、枪支等对社会有负面影响的行业。有些积极的投资者会寻求 ESG 投资机会，比如新能源，或者传统行业的环保升级改造等。

在亚洲方面，ESG 投资比率很低，占比恐怕只有个位数字，甚至可能低到 1%，原因与当地整体社会的机构环境背景及股市结构有关。亚洲以新兴市场为主，社会仍在拼经济，关注点没轮到 ESG 议题。另外，欧美股市主角是机构投资人，他们以理性的、专业的态度投资，且善于与政府互动，涉入公共政策，故会重视长期投资绩效。亚洲情况明显不同，理性投资人少，短视投资人多，与 ESG 诉求不合！ [1]

新的投资理念的发展需要各方一起努力推动，中国证券投资基金

---

[1] 邱慈观. 可持续金融 [M]. 上海：上海交通大学出版社，2019:16.

业协会在 ESG 投资理念和实践倡导方面扮演了积极角色，并于 2018 年 11 月发布了《中国上市公司 ESG 评价体系研究报告》和《绿色投资者指引（试行）》，持续推动了与 ESG 投资相关制度环境建设。

竞天公诚王勇律师认为："世界范围内的基金管理机构和投资者均已将 ESG 作为一个重要的发展方向提上了各自的议程，各方均已认识到 ESG 将会成为一个对基金管理领域产生深远影响的因素，而非仅仅是一个噱头。鉴于基金行业，尤其是一级市场的私募股权、创业基金对全球产业所具有的广泛影响，我们有理由相信 ESG 与基金投资实践的不断深入融合将成为 ESG 全球商业实践的重要催化剂，对全球范围内的经济社会可持续发展产生深远的积极影响。"

PRI（principles for responsible investment association，"负责任投资原则"组织）是由联合国发起的投资者倡议，致力于建立专注创造长期价值的全球可持续金融体系，全球已有 2400 多家签署机构，管理资产总规模超过 80 万亿美元。2019 年 9 月，由 PRI 主办的全球责任投资峰会在巴黎召开。备受瞩目的"2019 责任投资年度奖项"在会上隆重揭晓，星界资本荣获"新兴市场年度领袖"奖项，成为首次获奖的中国机构，也是唯一获奖的亚洲机构。

软实力，投资机构的新征途

180 年前，法国政治思想家托克维尔在《论美国的民主》一书中说道："昔日的君主只靠物质力量进行压制，而今天的民主共和国则靠精神力量进行压制，连人们的意志它都想征服。"20 世纪 90 年代，哈佛大学教授约瑟夫·奈进一步提出"软实力"概念，强调通过吸引而非强迫或收买达到目的。

不管是对人、对公司还是对国家来说，在其所拥有的一切事物中，声誉是最宝贵的。没有好的声誉，你不可能得到别人的信任而从事更高职位的工作，公司生意是否成功取决于它在其领域的排名和顾客的支持程度，而这两者都离不开公司的好声誉，只有最具吸引力和最受尊重的国家才有能力汇聚足够的顶级人才和大量的短期流动资金。①

随着私募股权行业主要矛盾的变化，ESG 等先进投资理念的引入，以及年轻一代人才的需求变化等因素，中国投资机构也进入了比拼"软实力"的新时代。传统的"募投管退"理论，已经不能适应新时期的时代变化。如果说 IRR、DPI、IPO 等业绩指标，以及资产管理规模等是投资机构的"硬实力"，那投资哲学、品牌价值观、投资人关系、可持续发展能力以及社会影响力等无形资产就是投资机构的"软实力"。

具体来说，可以从以下 5 个方面提升机构"软实力"：

一是募资软实力。国内私募股权行业"马太效应"越来越严重，正处于优胜劣汰的残酷清洗期，在从个人 LP 时代到机构 LP 时代的剧变中，未来能够活下来且活的好的机构，一定是具备良好募资策略、优秀募资人才、强大机构 LP 资源，形成了强大募资系统能力的机构。

硅谷的风险投资家霍洛维茨，在所著的《硅谷生态圈：创新的雨林法则》一书中，提出了"创新的热带雨林"概念。如果我们把这个概念移植到投资机构身上，同样适用。对于投资机构来说，追求当期基

---

① ［新加坡］许木松. 国家营销：新加坡国家品牌之道 [M]. 赵鲲，译. 杭州：浙江人民出版社，2012：前言.

金的投资收益当然重要，但如果想要成为头部机构，管理几十只基金，最终成就长青基业，就要逐渐构建一个生机勃勃的"热带雨林"。构建"雨林"的秘方就是人与人之间如何交互。有些投资机构把募资当成忽悠 LP 的"博傻游戏"，费尽心机将 LP 的最后一滴血榨干。而"热带雨林"文化则正好相反，它认为交易双方是有机会可以做到双赢的。

有些投资机构募资好像从来不愁，最根本的原因，是它们已经建立了可持续发展的"雨林"，激活了更多募资的场景，摆脱了每期基金募资都要走的那套费力的募资流程。它们已经把 LP、GP、被投项目甚至第三方服务公司，即整个链条里的人，都变成了共生关系，所以有些项目在长大之后，会选择做基金的 LP，就是基于这种信任和良好的共生关系，对这样的机构来说，只有"热带雨林"带来的温暖，而没有募资的寒冬。

处于困境中的人往往只关注自己的问题，而解决问题的途径通常在于你如何解决别人的问题。一个人一生能取得多大成就，很大程度上取决于他能帮助多少人；一个机构能募到多少资，很大程度上取决于他能帮助项目多少、他能帮助 LP 多少。

利他主义，才是募资的终极奥义。

二是投后软实力。传统的投后管理，是以给项目提供"增值服务"为核心。募资寒冬引发了投后管理的一次重大变革：以"退出"为导向的投后理念开始深入人心，以"退出"为核心能力重组投后团队成为重点。

三是品牌软实力。未来投资机构的品牌建设，应该从以面向项目为核心，到以面向行业和 LP 为核心进行转变。一篇文章、一个专访，受众是创业者，还是行业和 LP，要表达的东西是不一样的；机构的年会，受众是项目还是 LP，也需要不一样的策划。品牌实力到达一定高度之后，会形成鲜明的品牌调性和突出的品牌核心价值观。

四是人才软实力。从投资者的角度来说，风险投资是需要退出的，但人才是永远不需要退出的投资。要实现优异的投资业绩，就需要沙里淘金，对各种投资选择进行比较和筛选，从中发现"黑马"。能胜任这项工作的，非慧眼识珠者莫属，对大部分机构而言，雇用如此高素质人才的成本实在难以承担。如果机构投资者退而求其次，在追求积极投资策略的同时却在雇佣人才方面大打折扣，结果只能是将机构资产推进巨大的风险中。相对于那些愿意付出大量资源力求超越大盘的竞争对手而言，这些机构只不过是在"为人作嫁"，让自己损失的真金白银成为赢家纵横市场的猎物。[1]

马斯洛需求层次理论将人的需求从低到高依次分为生理需求、安全需求、社交需求、尊重需求和自我实现需求五种需求。如果说 20 多年前人们自我实现需求的衡量标准主要是金钱，那显然今天自我实现的衡量标准更加多元和高级。除了金钱方面的投入之外，更加理解和尊重年轻一代人才的需求变化，才是核心。机构要尊重新一代人才的不同诉求，在力所能及的范围内，设计合理的薪酬制度、创造开放平等的办公环境、尊重女性员工、同事之间健康的竞合关系、管理制度的灵活性、愿景使命价值观的统一等，都是很重要的因素。

对于 GP 来说，人才竞争的环境更加凶险。当人才进入创投行业

---

① [美]大卫·F.史文森.机构投资的创新之路 [M].张磊，等译.北京：中国人民大学出版社，2015:7.

之后，首先面临的就是 LP 的截留。当 LP 开始直投，与 GP 形成一定的竞争关系时，对于人才的吸引力之战也开始酝酿，市场对 GP 提出的人才投入要求就变得急迫起来；而当 LP 的人才想要流动的时候，做惯买方的他们，大部分不想去卖方。

为我所用，不一定为我所有。如何让离职员工依然能发挥价值？如何用好第三方服务机构？如何让 LP 的人才为我所用？这些都是 GP 需要深入思考的问题。

五是风控软实力。ILPA 于 2009 年发布了《私募股权投资原则》，反映了有限合伙人对制定更有效的条款的需求、对提升普通合伙人治理水平和透明度以及更能体现有限合伙人利益的管理费结构的特别关注。时代的一粒灰，落在机构头上，就是一座沉重的大山。要想大山不落在自己头上，除了低头看路，完善内部风控之外，还要抬头看天，看看行业和时代都发生了哪些根本性的变化。

除了以上这 5 点，我们还应该做些什么呢？

对于行业监管者来说，应该大力提倡"软实力"的建设，推进 ESG 等投资原则以适应中国国情的方式落地，同时应该建立一定的规则，让破坏中国投资行业大环境的机构受到惩罚。

关于如何提升软实力，在 2019 年 11 月召开的证券基金行业文化建设动员大会上，中国证监会主席易会满给出了答案。

易会满指出，在现阶段，行业文化、职业道德等软实力发展相对滞后，与业务经营发展不平衡、不协调的问题比较突出，健康的投资者文化和内部人文化缺失，制约着行业经营质量效率的全面提升。行业机构必须从战略的高度来充分认识行业文化建设的重大意义，准确把握行业文化建设规律，坚持问题导向，补短板、强弱项，不断提升行业文化"软实力"，积极塑造健康向上的良好行业形象。

LP 应该联合起来，共同制定中国版的《私募股权投资原则》，来指导和规范 GP 的行为。同时应该调整投资策略，加大投资决策中对机构"软实力"的考核和要求。另外也要在法律层面，加强利益保护，强化 LPA 条款，如果 GP 出现数据造假情况应立即终止合作，没有连带责任，不退回前期费用等。

对于 GP，除了以上几部分讨论到的内容，还有 3 点特别重要：

首先是应该不断提高透明度，争取 LP 的信任。风险投资只有基于信任才能蓬勃发展，而信任是建立在透明度上的。

其次要学会为了长期利益而克制短期利益，做时间的朋友。投资机构确实有可能通过不规范的行为，在短期内最大限度地提高自己的收益。但长此以往，它们靠违反原则获取的收入，将不够弥补因为坏声望失去的收入，这次瑞幸造假事件中，这一点体现得淋漓尽致。

最后是应该增强"逆商"。如何逆市募资？在面临重大危机时如何化危为机，将不利因素的影响降到最低？如何在主要合伙人"单飞"之后重塑辉煌？这些都取决于机构面对逆境时的应对方式和战胜困难的能力。

对于第三方服务平台来说，应该积极协助监管机构推广"软实力"文化；帮助 LP 把一些原则和共识落地；帮助 GP 升级软实力系统，以适应新时代的募资和发展需求。

"软实力"无法通过交易的方式取得，需要各方长期的共同努力建设，才有可能最终形成整个社会创新创业的"热带雨林"系统。

我们如何找回"慢"的能力

木心先生说，从前的日色变得慢，车、马、邮件都慢，一生只够爱一个人。但这美好的画面跟中国投资行业基本上无缘。

中国投资行业一直有一个未解之谜：为什么我们没有像美国 Benchmark 这样的投资机构？Benchmark 可以不投机、不急功近利，可以容忍失败，可以和被投项目一起坚守多年，为什么我们的投资机构做不到？为什么我们的投资人这么焦虑？为什么很多美国投资机构能在战略上有定性，不会被一时一地的得失成败所左右？

这个问题的答案很复杂，但我认为最根本的一点，是国内缺乏"长钱"，缺少有战略定力，能够超越周期的机构 LP。我曾亲耳聆听过一些国内投资大咖非常完美的投资策略，却因为缺少 LP 的长期支持而无法实现。

已有研究表明，风险投资机构的资金约束会扭曲其投资决策，影响被投项目的上市决策。资本约束同样会影响到风险投资的失败容忍度，容忍失败需要投资者对表现不尽如人意的初创企业持续注资，而资金受到约束的风险投资机构一般没有足够的流动性和能力完成注资。[①]

在美国，一只风险投资基金的存续期一般为 10 年，并且有 2 次延期 1 年的机会，而在中国，很多风险投资基金的存续期只有 3~5 年或者 5~7 年，所以很多基金只能去投资 Pre-IPO 项目，要想从根本上解决这个问题，就需要我们不断培育"长钱"生长的土壤，同时用政策

---

① 田轩. 创新的资本逻辑：用资本视角思考创新的未来 [M]. 北京：北京大学出版社，2018:36.

来引导和鼓励社保、政府引导基金、险资等大型机构积极投资于私募股权行业。只有像存续期长达 15 年、规模达 300 亿元的北京科创母基金这样的"长钱"越来越多，我们的风险投资人才能逐渐摆脱焦虑。

　　人们常犯的错误是只关注该做什么事，而忽略了更重要的问题，即该赋予谁责任来决定做什么事。这是本末倒置。当你很清楚你要用什么样的人，并且熟知你安放到这一岗位的人选，那么你就能想象得出事情会做得如何。① 做 LP 就要有开放的心态，对自己选出的 GP 应该充分信任，放手相关业务由 GP 管理。

　　时刻关注每日的经济波动是种亏本的对策，因为频繁的低额损失带来的痛苦比同样频率的低额收益带来的快乐程度更为强烈。刻意避免查看短期结果，除了可使投资者的心情更为愉快以外，还可以提升决策和结果的品质。② 但在实际情况中，中国很多个人 LP 包括一些机构 LP 并不成熟，经常会寻求直接参与 GP 的投资经营管理，自己很累的同时也让 GP 很焦虑。

　　人们感慨巴菲特之所以伟大，不在于他在 75 岁的时候拥有了 450 亿美元的财富，而在于他年轻的时候想明白了许多事情，然后用一生的岁月来坚守。巴菲特在早期致股东的信中写道："既然我们选择了集中持股的投资策略，合伙人就应当做好充分准备，我们的表现会有遥遥领先的时候，也会有远远落后的时候，这是我们为了追求出色的长期表现而要付出的代价。"③

① [美] 瑞·达利欧 . 原则 [M]. 刘波，綦相，译 . 北京：中信出版社，2018:401.
② [美] 丹尼尔·卡尼曼 . 思考，快与慢 [M]. 胡晓姣，李爱民，何梦莹，译 . 北京：中信出版社，2012:312.
③ [美] 杰里米·米勒 . 巴菲特致股东的信（投资原则篇）[M]. 郝旭奇，译 . 北京：中信出版社，2018:240.

　　中国的经济基础和企业治理结构是否一定能产生伟大的企业？中国能否产生像美国企业那样的好企业，这是在中国进行长期投资的基石。按我们的人生阅历以及对中国的理解，我们相信：历史的光芒也许可以照亮中国的未来之路。[①]

　　未来确实很难预测，我们很容易找到一些不着边际的预测，比如：1900 年，当汽车变得更加有效和可靠时，爱德华·伯恩却认为，没有马匹，人类永远无法融洽相处；1952 年，一些人认为，电脑很快就会决定谁跟谁结婚，婚姻也将更幸福……[②]

　　即便如此，我们也必须对自己的祖国充满信心。巴菲特有句名言："在美国 238 年的历史中，那些看空的人谁最终受益了？有时候我们会对政府有所抱怨，但几乎可以肯定的是，美国的未来会更加光明。"虽然中国的投资行业还存在着各种问题，但从整体上看是在不断进步的，更何况，坚定不移的"Long China"（看多中国）是我们唯一的机会。

　　愿中国的长期主义者越来越多，愿中国投资界的"长钱革命"早日完成。

---

① 但斌. 时间的玫瑰：但斌投资札记 [M]. 北京：中信出版社，2018:11.

② [美] 大卫·克里斯蒂安，辛西娅·斯托克斯·布朗，克雷格·本杰明. 大历史：虚无与万物之间 [M]. 刘耀辉，译. 北京：北京联合出版公司，2016:416.

关键术语注释

"白马"基金

本书中主要是指私募股权行业相对成熟的综合性头部管理机构。

边车基金（sidecar fund）

一些大型投资机构在设立主基金时，也会为个人投资者成立一个小的"边车基金"，但通常只会开放给机构的主要社会关系、前任管理层及其他重要的商业伙伴等。例如美国最富声誉的25家风险投资机构，几乎不接受个人投资，即使接受也是以边车基金的形式运作。

并购基金（buyout fund）

并购基金是私募股权基金的一种，用于并购企业，获得标的企业的控制权。常见的运作方式是并购企业后，通过重组、改善、提升，实现企业上市或者出售股权，从而获得丰厚的收益。

不良资产投资基金

不良资产投资基金主要是对处于财务状况恶化、濒临破产或者刚经过重组的受压公司的投资。

长青基金（evergreen fund）

长青基金有时也翻译成"常青基金"，是指基金没有固定的存续期限或者存续期限超长（十几年以上）。由于没有存续期限，GP 只需设一个基金而不是连续设立几期基金，国内的长青基金很少。

创业合伙人（EIR）

即入驻创业者（entrepreneur in residence, EIR），有些国内机构为了使之更好听，叫作"创业合伙人"。这个制度是指一些成功的创业者或经理人，以顾问的身份在投资机构内参与项目的评估，并在找到合适的机会后就加入被投资企业，成为重要的管理团队成员。

杠杆收购（LBO）

杠杆收购指很大部分靠贷款或其他形式债务进行融资来完成的收购。在许多情况下其融资由被收购公司的资产作担保，并以该公司的现金流动或资产出售的收入来偿还贷款。

共同投资

如果私募股权基金中的 LP 有共同投资的权利，其可以直接投资于与私募股权基金有股权关系的其他企业。这样 LP 投资人可以有两个独立的渠道对企业进行持股，一是间接地通过基金持股，二是直接持股。

管理层收购（MBO）

管理层收购指管理层通常靠外来资金的支持收购公司全部发行在外的股票，使公司归为私有。

"黑马"基金

近两年的新经济浪潮开始催生出一大批"黑马"基金，他们多表现为投资领域垂直、细分，投资团队人少精悍，创始人多是从知名基金"单飞"出来，而这一类基金正在成为当下母基金的"香饽饽"。

机构有限合伙人协会（ILPA）

机构有限合伙人协会（The Institutional Limited Partners Association, ILPA），是私募股权基金的投资者组织，为争取透明管治以及降低管理费率提出了一系列纲领性文件。该组织从 20 世纪 90 年代初的超级俱乐部，逐渐演变为极具影响力的交易协会。

基金"call 款"（capital call）

基金"call 款"，即向基金出资人发出的缴纳通知，有的股权基金可以分批 call 款。

基金的交割

一只基金在募集阶段可以多次交割。如果一只基金宣布已经完成首次交割（first closing）或者二次交割，并不意味着该基金不再寻求新的投资。

夹层基金（mezzanine fund）

夹层基金提供的是介于股权与债权之间的资金，其作用是填补一项收购在考虑了股权基金、普通债权基金之后仍然不足的收购资金缺口，通常是杠杆收购特别是管理层收购中的一种融资来源。

僵尸基金（zombie funds）

僵尸基金指的是将投资者的资金套牢，即使利用剩余资产获利的希望已经变得渺茫却依然继续向投资者收取管理费的垂死挣扎的基金。

巨型基金（mega-funds）

随着各类机构投资人的持续涌入并不断加码，2007 年前后，美元私募股权投资市场上第一次涌现出了一批规模超过 50 亿美元的 mega-funds。黑石集团、华平投资、TPG 当时都分别成功募得了超大规模的基金，过去几年，美元市场的募资规模仍处于历史高位，巨头们纷纷募集 mega-funds。尤其是在 2016 年，1000 亿美元的愿景基金横空出世，震撼了全球投资行业，刷新了人们的认知。

康波理论

苏联学者康德拉季耶夫提出了以科学技术为驱动的 60 年长经济周期"康德拉季耶夫周期"。已故的中信建投首席经济学家周金涛先生，就是中国康德拉季耶夫周期理论研究的开拓者，他有一句名言叫"人生就是一场康波"。

另类投资

另类投资是股票和债券等投资工具以外的非主流投资工具的总称，包括对冲基金、私募股权基金、房地产及场外衍生品等。私募股权被习惯性地归类为"另类"投资，就在数十年之前，私募基金在金融市场上只占据了一个又小又黑的角落，鲜有人听说，也很少有人关注。但近期行业的爆发，无论是所募资本额还是私募基金自身的数量，都称得上出人意料。援引众多观察家的看法，此次迅猛的增长标志着"另类资产"的称号不再适用于私募行业。

蒙特卡洛模拟

蒙特卡洛模拟是一种在风险分析、金融预测等方面颇具影响的模拟分析工具，它通过利用计算机随机产生输入变量值来模拟可能的结果，应用于风险分析、金融预测等方面，蒙特卡洛模拟的名字来源于摩纳哥的蒙特卡洛市，因为当地最主要的景观就是赌场，而蒙特卡洛模拟中变量的值的随机产生与赌博结果很相似，比如投骰子，你知道可能的点数是哪些，但却不知道具体每次投出的是什么。在蒙特卡洛模拟中，分析者预先规定变量的分布特征，然后由计算机在此前提下随机产生变量值，并计算出可能的结果。

明斯基时刻

明斯基时刻是指美国经济学家明斯基所描述的时刻，即资产价值崩溃的时刻，表示的是市场繁荣与衰退之间的转折点。

母基金

母基金（fund of funds，FOF）最早出现在 20 世纪 70 年代。1976 年，全球母基金鼻祖雅登投资（Adams Street Partners）设立了历史上第一个私募股权投资母基金，总金额约为 6000 万美元。本书所聚焦的私募股权母基金，是广义概念上的母基金，具体是指管理规模超过 3 亿元、投资过至少 3 只基金以上的 LP，包括主权财富基金、社保基金、政府引导基金、产业 CVC、市场化 FOF、家族、三方财富、大学基金会等各种类型的机构 LP。

普通合伙人（general partner）

简称 GP，指私募股权基金的基金管理人。

企业风险投资（CVC）

企业风险投资（corporate venture capital，CVC），是一种创新的投资组织形式，起源于 20 世纪 60 年代的美国。经过了多年的发展，CVC 已经成为风险投资领域一股不可忽视的重要投资力量。

融资顾问（FA）

融资顾问（financial advisor，FA）主要负责开拓风险投资、私募股权投资、上市、收购并购、重大资产重组等方面的业务。在投资的各个阶段起着领导者的作用，具体工作包括项目挖掘、谈判、交易结构设计、财务分析、尽职调查、估值及回报分析等。

私募股权二级市场

私募股权二级市场，广义上是指对非上市公司的股权、合伙企业份额等其他企业的权益进行买卖、转让和流通的市场（PE 二级市场），狭义上则限于私募股权投资基金份额作为买卖标的进行的交易。本书重点讨论狭义的 PE 二级市场及该市场中的专业买家二级市场基金（secondary fund，S 基金）。

私募股权投资（private equity）

简称 PE，指对未上市公司进行股权投资，通过所投资企业上市或转让退出，获得高额资本回报的一种投资方式。

影响力投资（impact investing）

影响力投资是近年崛起的一种投资方式，2007 年首度被洛克菲勒基金会及摩根大通银行等组织使用，近几年更被欧美投资人视为趋势。这种投资诉求是一种新尝试，结合政府、企业及投资人力量，以解决社会问题，故为多方团体所推动。

有限合伙人（limited partner）

简称 LP，是向私募股权基金提供资金的机构或者个人投资者，通常包括养老基金、保险公司、资产管理公司、家族办公室、政府引导基金和上市公司等。

有限合伙协议（limited partnership agreement）

简称 LPA，是指在有限合伙关系下规定协议和条款的关键性法律文件。它直接确定了 LP 与 GP 的权利和义务，以及 LP 如何保护自己的权利与 GP 如何承担自己的责任。LPA 是 GP 和 LP 之间的权利义务博弈的主要战场。目前市场上 LPA 版本各式各样，条款约定也不尽相同。显然这个世界上没有完美的 LPA，最佳的协议是使双方的激励和风险／收益回报保持一致。

政府引导基金

我国法律法规对"政府引导基金"并未有明确的定义，而是作为"创业投资引导基金""政府投资基金""政府出资产业投资基金"等相关概念散见于政府文件中，但政府引导基金一直以来的核心和主旨均为"引导"和"扶持"，通过投资子基金的方式，扶持创业投资企业发展，引导社会资金进入创业投资领域。

主权财富基金（sovereign wealth funds）

主权财富基金是指由一国或地区政府机构代表该国或地区拥有、控制或管理的基金，它是对财政盈余与外汇储备盈余进行管理和运作的金融机构。在众多类型的基金投资者中，主权财富基金显得神秘而实力非凡。

资产管理规模（AUM）

资产管理规模（assets under management，AUM），是指私募股权基金管理的总资金以及通过基金所拥有公司的总市值之和。

Carry

Carry，是私募股权基金的核心激励机制，反映了 GP 和 LP、GP 内部之间的关系。最常见的模式是"2%+20%"，即一只基金在投资期时，LP 支付给 GP 每年 2% 的管理费；存续期满后，基金的回报达到了事先约定的底线后，GP 将本金还给 LP 后，还可以分走利润的 20%。这 20% 就是 Carry。

DPI（distribution over paid-in）

在现实私募股权投资活动中，LP 有时会发现自己从基金实际收到的现金回报并不与 GP 向其展示的基金 IRR 相匹配，从而需要一种直接反映"真金白银"回报的业绩衡量指标。

Dry Powder

Dry Powder，即"干火药"，即可用于投资的现金总额。

ESG

ESG 是指环境、社会和公司治理（environment, social and governance）。ESG 涵盖的问题大部分不属于传统财务分析范畴，但越来越多的实践和研究表明，ESG 因素融入投资分析和投资组合构建，可以为基金带来长期业绩优势。

first-time funds

新机构设立运作的第一只私募基金被称为"first-time funds"。全球 first-time funds 收益平均水平较市场整体平均水平更为亮眼。因此，许多 LP 把 first-time funds 作为差异化投资的新选择。

GP Seeder

GP Seeder 是由头部的 GP 机构或合伙人的自有资金投资其他 GP 和基金，对上下游资源进行覆盖，补足自身在非擅长专业领域的能力，布局投资行业的生态。

GP Stake

自 2000 年以来，高盛、路博迈、黑石等知名全球私募管理机构开始设立以占股其他 GP 为策略的基金，并投资全球范围内的优质私募股权基金管理机构，一种全新的另类投资模式应运而生。在这种模式下，占股基金的投资方和被投方以各自深厚且互补的业内资源强强联合，实现双赢。

Hurdle Rate

Hurdle Rate，即门槛收益率、最低预期回报率，是投资者对一项投资所要求的最低收益率。如果收益率低于这一要求的收益水平，投资者一般不应予以投资。

Investor VC

由金融出身的投资家主导的机构一般被归纳为 Investor VC。

IR（investor relations）

IR，即投资者关系管理，诞生于美国 20 世纪 50 年代后期，它包括上市公司（包括拟上市公司）与股东，债权人和潜在投资者之间的关系管理，也包括在与投资者沟通过程中，上市公司与资本市场各类中介机构之间的关系管理。本书主要是指私募股权一级市场上的 IR。

IRR（internal rate of return）

IRR，即内部收益率，是判断基金业绩不可或缺的指标。IRR 这一指标，直接受到投资成本和投资收益的影响，同时对时间也非常敏感，假设回报倍数一定，不同的投资节奏和退出节奏，对应着截然不同的 IRR 水平。基金历史的 IRR，一方面可以帮助 LP 对基金历史业绩有所判断，另一方面从时间的维度也在一定程度上反映出基金的投资节奏和退出节奏，从而反映出基金的管理策略。

J 曲线（J curve）

J 曲线是指通常人们在考察私募股权基金的收益情况时，会以时间为横轴，以收益率为纵轴画出一条曲线。基金的内部收益率在刚开始的一个阶段较低，主要是由初期所付出的成本造成的。通过长期观察，人们发现这条曲线的轨迹大致类似于字母 J，因此这种现象被形象地称为 J 曲线效应。

MOC（multiple of capital contributed）

MOC，即资本回报倍数。投资人经常会说，"某项目带来多少倍的回报"，其实这个所谓的多少倍回报收益就是指 MOC。

One-Man Show

One-Man Show，是一种基金管理模式，通俗地说就是由一个核心创始人说了算。有很多 LP 不会投"One-Man Show"结构的基金，但最近几年这种结构的 GP 越来越多。

Operator VC

Operator VC 指创办过公司，公司退出后，创始人转换身份进行风险投资的一批机构。Operator VC，必须具备 4 个条件：一是在产业干过一把手，知道如何做出成功的决策，二是要懂市场，只懂国内的是不够的，还要懂国际的；三是要懂投资，很多产业出身的人不懂投资，没有投资经验容易踩坑；四是要能够带来行业资源，协助企业发展。

PA（placement agent）

国内并没有约定俗成的官方翻译，有的翻译成"资产配置顾问"，有的翻译成"私募中介"或"募资中介"，有的时候在定增中翻译成"承销商"。

PE/VC

私募股权投资（PE）及风险投资（venture capital，VC）的概念于 20 世纪 80 年代末被介绍到中国。私募股权投资本身涵盖了所有以股权为主要投资对象的投资行为，而风险投资是私募股权投资的一个重要分支。另外本书中有时会用"PE 基金"或"PE 机构"来指代那些侧重于投资后期项目的投资机构。

Portfolio

Portfolio，即组合，包括基金组合。私募股权基金经理用来表示旗下投资的众多企业，或者 LP 投资的众多基金。

PRI

PRI 是由联合国发起的投资者倡议，致力于建立专注创造长期价值的全球可持续金融体系，全球已有 2400 多家签署机构，管理资产总规模超过 80 万亿美元。

QFII（qualified foreign institutional investor）

QFII，即合格的境外机构投资者。QFII机制是指外国专业投资机构到境内投资的资格认定制度。

QFLP（qualified foreign limited partner）

QFLP，即合格境外有限合伙人，也就是股权基金的出资人，是指境外机构投资者在通过资格审批和其外汇资金的监管程序后，将境外资本兑换为人民币资金，投资于国内的私募股权市场。

RVPI（unrealized multiple）

RVPI，也称"投资未实现倍数"，它衡量的是相对于LP投入基金中的资金量，股权基金的资产净值，即"未实现所得"。

spin-off

spin-off，即基金的管理人分家。有的管理团队创立之初，核心人物是平等合伙人制，一旦团队核心成员之间对基金的战略和打法出现大的意见分歧，大家就很难继续在一个平台上共同发展。也有的管理人分家，基金核心成员之间可能并没有发生大的意见分歧，比如只是因为一个在上海，一个在北京，相互之间的沟通和团队管理成本太大，所以做出这个决定。

TVPI（total value to paid-in）

TVPI，表示所有已缴资本预计可以得到多少回报，为总的预期价值（total value）和已缴资本（paid-in）之间的比值。

Vintage

Vintage，即投资年期。类似于红酒，投资年期是指某只特定的私募股权基金封闭期的起始年。因为外部市场会对基金的表现造成影响，故投资者通常对比同一投资年期的基金产品。

后记
我们的征途，是全球母基金行业的星辰大海

每个创业者的奋斗，都是一次伟大的登月之旅！不知不觉中，我们已经陪伴大家走过了两年多的旅程。

《母基金周刊》（简称《周刊》）诞生于 2017 年年底，彼时"资管新规"发布引起行业地震，中国创投历经 20 年的发展，也走到了十字路口："双创"的黄金时代结束，私募股权市场信心随之降到冰点，投资机构进入了漫长的资本极夜。跟风的热钱退去，理性的长钱随之开始进入，个人 LP 在高认知门槛的市场中逐渐退出，机构 LP 开始活跃，属于母基金的时代正式到来。

当时的中国私募股权市场，还没有一家聚焦母基金行业的专业垂直媒体，而 LP 的活动，也大多夹杂在以创业项目和 VC 为主的会议中间；国内更没有专业的资本配置代理机构，只有少数顶级美元基金，才能得到 EATON 等国外专业 PA 机构的服务，人民币基金只能"望洋兴叹"。

在两年多的持续努力下，100 多位国内外行业精英成为《周刊》的特约作者；300 多篇高质量的中英文原创文章，吸引了近 6 万名微信粉

丝；《中国母基金行业报告》《中国 GP 生存发展报告》《中国私募股权行业 IR 成长报告》《LP 全景报告》等填补了诸多行业空白；我们先后获得了"最具影响力行业媒体奖""最具投资价值媒体奖""优客工场明星入驻企业奖"等多个奖项。

《周刊》成立至今，已在国内外累计举办近百场母基金行业的专业会议，包括"中国母基金开年大会""母基金周刊年中盛典""中国母基金峰会""中国母基金年会"等多次大型会议，为上千家 LP 与GP 提供了精准对接，为多只顶级人民币与美元基金提供募资咨询服务，并成为全球权威媒体 PEI、联合国责任投资原则组织（UN PRI）、SuperReturn、AVCJ、Preqin 等国际机构的合作伙伴。

我们的努力也得到了资本市场的认可，先后获得以太资本、清科创投、五岳资本、梅花创投、华映资本、德同资本、雄厚资本、初心资本、清泉石资本、云启资本、老鹰资本、险峰、翔谷投资、凯思博、建发新兴、国都创投、征和惠通以及某国内顶级母基金共 18 家机构的3000 万元投资，A 轮投后估值超过 3 亿元。

9 条"硬核"感悟

1. 时势造英雄，太早或太晚都不容易成功

古人讲天时、地利、人和，天时是第一位的，创业最重要的是要看清大趋势，正所谓"潮来天地皆同力，运去英雄不自由"。《周刊》创业以来能够快速发展，在资本寒冬中受青睐，本质上是看清了"从个人 LP 时代到机构 LP 时代"这个中国创投 20 年来重要的转变和趋势。

2. 你是谁并不重要，重要的是你想成为谁

《周刊》的 4 个创始合伙人张予豪、陈能杰、王海洋和我，都没有在母基金工作的经历，也因此被人质疑过，但我们 4 个人和团队的成长得到了业内认可，我们拜师学艺快速成长，在成为行业优秀服务员的道路上马不停蹄。

3. 请好好珍惜创业的"窗口期"

我第一次创业是在 2003 年，那时候没有京东、美团和滴滴，互联网很多领域都是空白，似乎做什么都是对的。现在的创业赛道无比拥挤，每一个细分领域都挤满了众多实力强劲的玩家，能否利用好行业巨头无暇关注或者不够重视的"傻瓜窗口期"无比重要，幸运的是，《周刊》跑步前进，活了下来。

4. 一定要具备自我造血能力，不依靠融资活着

具备自我造血能力有两点好处：一是可以从容地挑选对自己真正有帮助的股东，而不只是为了钱。二是可以验证自己的商业模式是否形成闭环。有的创业项目融了一大笔钱，然后创始人说："我们融到了很多很多钱，多到不会死掉，所以我不用挣钱也能活得很好。"然后在错误的方向上开始瞎折腾，很快就作死了。

5. 找到自己最深的护城河

对《周刊》来说，护城河是股权关系和客户关系。目前《周刊》的 18 家顶级机构股东，就是我们最强大的后盾和护城河。客户关系是《周刊》护城河的另一个重要部分，很多机构客户在我们只有一张 PPT 的时候，就用真金白银支持，给我们创造营收的同时也给了我们宝贵的验证商业模式的机会。

6. 成就别人才能成就自己，利他才是真正的利己

《周刊》成立的初心，就是赋能行业，让 GP 和 LP 的互动更精准有效，而没有把利益最大化作为公司的宗旨和目标。每个季度，我们都要开一次合伙人会议，检讨一下是否有动作偏离了创业的初心。对客户发自内心的爱，他们绝对感受得到，而很多股东投资我们，也是无心插柳柳成荫。

7. 团队决定下限，格局决定上限

创业需要"精锐的特种部队"。团队里的每一个成员都应该成为特种部队，具备以一当十的能力和素质。有些大公司出来的团队，一开始就能融到一大笔钱，因为团队就值这么多钱，但是真正决定公司上限的，是创业团队的格局。《周刊》的愿景是做"全球母基金行业第一平台"，这将是我们未来一段时间的征途。

8. 那些杀不死你的，终将使你更强大

《创业时代》这部电视剧虽然被很多人吐槽，但我却很愿意看，不只是因为黄轩饰演的主人公百折不回的创业精神，也是因为《周刊》在创业的过程中，遭遇到很多像剧中情节一样的阴招和打击。有位朋友这样说："如果有人在背后暗箭伤你，你应兴奋，因为这说明你走在他前面；但高兴之余，你要更加努力，因为这也说明你走得不够远，尚在他射程之内，所以你要加油！"

9. 创业是一场向死而生的修行

创业的成功率不到百分之一，大部分的创业项目注定是要死亡的，唯有心力强大者方能坚持到最后，即使坚持到了终点，等待你的可能不光是失眠、幻听、抑郁等各种身体上的疾病，也许还有家人的

不解与反对，甚至是妻离子散的至暗时刻。电影《无问西东》提出了一个很好的问题：如果提前了解了你所要面对的人生，你是否还会有勇气前来？